KB239396

지은이 **김명미**

『초등 읽기능력이 평생성적을 좌우한다』로 초등 읽기능력의 중요성을 알리며, 읽기능력 혁명을 일으킨 저자가 이번에는 '듣기능력'이 학습능력에 미치는 영향을 다룬 책으로 찾아왔다. 이 책은 모든 학습의 바탕이 됨에도 그동안 음지에 놓여 있던 '듣기능력'에 주목하여, 성적이 오르지 않는 아이로 고민하는 부모들에게 명쾌한 답을 제시하고 있다.

저자는 카톨릭대학 교육대학원에서 독서교육을 전공했으며 20여 년간 어린이와 청소년을 위한 독서 교육에 열정을 쏟고 있다. 현재 카톨릭대 평생교육원 독서교육전문가 과정 강사, '뿌리와 열매' 독서논술 학원 원장으로 있다. 또한 학부모와 선생님이 참여하는 '양현제' 독서교육 연구회 등 활발한 활동을 하고 있다. 『바쁜아이 독서습관 잡아주는 엄마노력 57가지』 등을 감수하고, 저서로는 『생각을 키우는 독서논술』 등이 있다.

홈페이지 www.chungeram.com

초등 듣기능력이 평생성적을 좌우한다

초판 1쇄 인쇄 2009년 7월 25일
초판 1쇄 발행 2009년 8월 10일

지은이 김명미 | **펴낸이** 김종길
편집부 이혜선 · 한정희 · 이경숙 | **디자인부** 박은진 · 김영미 · 윤진숙 · 박초롱
마케팅부 김재룡 · 박용철 | **인터넷 사업부** 현지선 | **홍보부** 홍순정 | **관리부** 조효원 · 최현석

펴낸곳 글담출판사 | **출판등록** 제7-186호
주소 (132-898) 서울시 도봉구 창4동 9번지 한국빌딩 7층
전화 02)998-7030 | **팩스** (02)998-7924
홈페이지 www.geuldam.com | **이메일** bookmaster@geuldam.com

값 11,000원

ISBN 978-89-92814-19-5 13370
잘못 만들어진 책은 바꾸어 드립니다.

글담출판사는 독자 여러분의 의견에 항상 귀 기울이고 있습니다.
책에 대한 좋은 아이디어나 원고가 있으신 분은 bookmaster@geuldam.com으로 보내 주세요.

「이 도서의 국립중앙도서관 출판시도서목록(CIP)은 e-CIP 홈페이지(http://www.nl.go.kr/ecip)에서 이용하실 수 있습니다.(CIP제어번호: CIP2009002153)」

초등 듣기능력이 평생성적을 좌우한다

· 김명미 지음 ·

글담출판사
www.geuldam.com

아무리 좋은 수업을 받아도
잘 듣지 못한다면?

학생을 처음 만나면 수업에 들어가기 전에 미리 듣고 이해하는 능력을 파악한다. 얼마 전 2학년 아이들을 처음 만났을 때이다. 이때도 역시 첫 시간에 글을 읽어 주고 아이들에게 간단한 질문을 던지는 테스트를 했다. 그러자 한 아이가 얼른 수첩을 꺼내 메모할 자세를 취하는 것이었다.

"우와! 다른 사람의 이야기를 들을 때 적으며 듣는 아주 좋은 습관을 가지고 있구나. 하지만 지금은 너희들이 들은 것을 얼마나 잘 이해하는지 테스트하는 거니까 적지 말고 그냥 들어 보자."

이렇게 말하며 아이들의 듣고 이해하는 능력을 진단했다. 하지만 테스트하기 전에 나는 이미 그 아이의 듣기 수준이 상당히 높으리라는 걸 짐작할 수 있었다. '아, 선생님이 들려주는 얘기는 잘 들어야 하는구나. 중요한 것은 잊어버리지 않게 적어야지.' 하는 듣기의 기본 자세를 올바로 익히고 있었기 때문이다.

말은 마치 흐르는 물과 같아서 한 번 들은 말은 다시 들을 수 없다. 그래서 다른 사람의 이야기를 들을 때는 집중해서 들어 그 순간 바로 이해하고 기억해야 한다. 그리고 이때 기억의 한계를 극복하기 위해 메모라는 수단을 사용하면 더욱 효과적이다. 2학년밖에 안 된 아이가 그걸 알고 실천한다는 것이 참 예쁘고 기특해 보였다.

내가 수업을 시작하기 전에 아이들의 듣기능력을 테스트해 보는 데는 다 이유가 있다. 대개의 부모들은 듣기능력이 학습에 미치는 영향에 대해 아무런 관심을 갖지 않는다. 아니, 학습과 긴밀한 상관성이 있다는 사실조차 알지 못한다. 그들에게 듣기란 의학적인 문제가 없다면 자연히 행할 수 있는 능력이기 때문이다. 하지만 듣기능력은 단순히 소리를 듣는 것이 아니라, 소리를 통한 정보를 파악하고 해석하는 능력이다. 따라서 제대로 된 듣기능력을 갖추고 있지 않으면 수업을 들어도 도통 무슨 말인지 이해하지 못하며, 친구들과의 대화에서도 어려움을 겪게 된다.

"선생님 설명을 아무리 들어도 무슨 말인지 알 수가 없어요."

"친구들이 자꾸 이상한 말 한다고 놀려요."

"자꾸 공부 시간에 딴생각이 나요."

주의를 둘러보면 이런 고민을 하고 있는 아이들이 많다. 듣기능력이 부족하여 어떻게 들어야 하는지 모르는 것이다. 그래서 열심히 수업을 들어도 기억나는 것은 이상한 잡담뿐이며, 자꾸만 멍해지는 것이다. 수업을 이해하지 못하니, 성적이 좋지 않은 건 당연지사이다. 이런 아이들에게 '딴생각하지 말고 수업에 집중해라.' '귀담아 잘 들어라.' 하는 충고는 아무런 도움도 되지 못한다. '어떻게' 들어야 잘 들을 수 있는지 구체적인 방법을 제시해 줘야 하는 것이다.

하지만 이러한 사실을 인지하고 있는 부모들은 거의 없다. 아무리 좋은 학원을 보내도 성적이 좋아지지 않는다는 사실에 좌절하고 아이를 다그치기만 할 뿐이다. 그래서 나는 듣기능력에 대해 재발견하는 기회가 되었으면 하는 바람에 '듣기능력이란 무엇인지, 왜 중요한지, 학습에 어떠한 영향을 미치는지, 듣기능력을 향상시키기 위해는 어떻게 해야 하는지' 등에 대해 이 책에 펼쳐 놓았다. 특히 이 책을 읽고 직접 아이와 함께 따라 해보고 익혔으면 하는 바람에서 되도록 쉽게 설명하려 애썼다. 그리고 듣기능력을 가늠해 볼 수 있도록 간단한 듣기능력 진단 자료를 실어 놓았다. 이 책이 우리 아이들의 듣기능력을 기르는 데 작은 도움이 되길 바란다.

더불어 나는 우리 아이들이 '말 잘하는 아이'보다 '잘 듣는 아이'이길 바란다. 그러면 좋은 성적, 친구 사이의 인기 같은 것은 저절로 따라오기 마련이다. 선생님의 설명을 잘 듣는 아이의 성적이 나쁠 리 없고, 자기 말을 잘 들어 주는 아이를 싫어할 친구는 없다. 그리고 이런 아이로 자랄 수 있도록 우리 어른들부터 일방적으로 지시하고 얘기하기보다 아이의 말을 진심으로 잘 들어 주었으면 하는 바람도 함께 실어 본다.

사랑하는 가족과 늘 따뜻한 미소로 지켜보고 응원해 주실 하늘에 계신 두 아버님께 이 책을 바친다.

2009년 여름 김명미

듣기가 안 되는 아이들은 상호 작용에 문제가 생겨 토의는커녕 조화로운 대화를 할 수가 없다. 말하기와 쓰기 능력 못지않게 중요한 듣기능력을 향상시키기 위해서는 적극적인 두뇌 훈련이 필요하다. 이 책은 듣기능력의 중요성 및 그 활용 방법을 제시해 놓고 있다.

장서영(독서교육전문가)

때가 되면 저절로 얻어지는 것인 줄 알고 있었는데 듣기 부분이 취약한 아이들이 많다는 사실에 약간 놀랍다. 듣기능력은 아이의 성적뿐만 아니라 성인이 되어서도 꼭 갖춰야 할 능력임에도 나 역시 지금까지 중요하게 여기지 않았다. 이 책을 읽으면서 아이가 학습에 힘들어하는 원인을 알게 되었고 방법을 찾을 수 있었다.

임영금(초등 3학년 아이를 둔 엄마)

공부를 잘하는 아이로 키우고 싶다면 수업 시간에 선생님 설명을 잘 듣도록 지도해야 한다고 한다. 맞는 말이다. 생각해 보니 그건 애만 붙잡고 '잘 들어라. 잘 들어라.' 한다고 되는 게 아닌 것 같다. 평소 엄마인 나부터 아이의 말에 귀 기울여 잘 들어 줘야겠다고 반성하였다.

엄옥연(초등 3학년과 5학년 아이를 둔 엄마)

눈과 귀를 열어 놓고 수업에 집중하는 학생을 보면 얼마나 사랑스러운지 모른다. 나도 모르게 그 학생에게 눈이 가고 그 학생의 반응을 보면서 수업을 진행하게 된다. '알겠니? 잘 모르겠니? 그럼 다시 설명해 주마.' 눈으로 이런 대화를 나누는 것이다. 그리고 그 학생이 입으로 조물조물 얘기하는 것까지 눈여겨보고 귀 기울여 듣게 된다.

김선영(인천 갈월초등학교 교사)

CONTENTS

2장
초등 듣기능력을 잡아야 성적도 잡을 수 있다
- 듣기능력, 언제 어떻게 길러 줄까?

1. 내 아이 듣기능력에 문제가 있는 걸까?

2. 듣기능력을 높여 주는 8가지 전략

5장
다양한 듣기 연습으로 듣기능력을 올린다
– 듣기 종류에 따라 적절한 듣기 전략을 취하라

1. 상호 작용 하며 듣기

6장

아이의 듣기 문제 이렇게 고쳐라!
– 듣기능력 부족이 초래한 대표적 유형 3가지

1장

듣기능력이
학습능력을 결정한다

– 왜 듣기능력에 주목해야 하는가?

1 왜 듣기능력이 중요한가?

공부 잘하던 아이가 중학교 때 성적이 떨어진다면?
– 학원에 보내도 해결되지 않는 문제

듣기능력의 차이가 성적을 좌우한다
'듣기'와 '말하기', 무엇이 먼저일까?
듣기능력에 대한 부모들의 착각
듣기능력은 언제부터 길러 주어야 할까?

2. 도대체 듣기능력이란 무엇인가?

듣기능력이란 무엇인가?
듣기능력이 뛰어난 아이는 이것이 다르다

1.
왜 듣기능력이 중요한가?

학습에서 읽기능력의 중요함은 널리 알려져 있다. 반면 듣기능력은 등한시하며 자연히 습득되는 것으로 착각한다. 하지만 "학교 수업 중 60%는 선생님의 설명을 듣고 이해하는 방식으로 진행"된다. 아무리 읽기능력이 뛰어나더라도 듣기능력이 부족하다면 제대로 된 수업을 받을 수 없다.

공부 잘하던 아이가 중학교 때 성적이 떨어진다면?

−학원에 보내도 해결되지 않는 문제

열심히 공부하는데 성적이 오르지 않는다면, 선생님이 배우지 않은 것을 시험에 낸다고 한다면, 아이의 듣기능력을 의심하라.

우리 아이가 중학교에 올라가서 처음으로 중간고사를 보는 날이었다. 문을 열고 들어서는 아들을 보자마자 시험 잘 봤느냐고 물어보았다. 그러자 아들 녀석이 "아, 몰라요." 하며 짜증 섞인 목소리로 씩씩대며 대답하는 것이 아닌가. '엉? 아니, 이게 무슨 소리야.' 나름대로 열심히 공부하는 것 같아 내심 잘 보았겠지 하고 기대하고 있었는데 가슴에서 "쿵" 소리가 났다. 시험이 어려웠냐고 물었더니 수학은 잘 봤는데 도덕을 망쳤단다. 도덕 선생님이 배우지도 않은 것을 잔뜩 냈다며 괜스레 선생님을 탓하며 투덜댄다. "가르치지도 않은 걸 낼 리가 있니?" 나도 모르게 퉁명스레 한마디 했다. 그러자 "엄만, 알지도 못하면서. 다른 애들도 다 못 봤어요."라고 심통 난 얼굴로 말했다.

무슨 문제가 어떻게 나왔나 싶어 시험지를 살펴보니 크게 범위를 벗어난 문제는 없어 보였다. 교과서 외 사례들이 일부 눈에 띄기는 했지만 그리 대수로워 보이지 않았다. 이것 때문에 배우지도 않은 걸 시험에 냈다고 씩씩거렸나 싶었다. 한 번 더 생각해 보면 충분히 알 수 있는 문제이지만, 교과서에 없는 내용이라 당황스러울 수도 있겠구나 생각했다. 그리고 '이래서 중학교는 초등학교랑 다르다고 했나?' 하는 생각이 들었다. 학원을 보낸다고 해결될 문제가 아닌 것 같아 마음이 조급해졌다.

시험 결과가 나온 후 몇몇 엄마들에게 물어보니 과연 많은 아이들이 도덕 시험을 못 봤다고 한다. 그런데 그 와중에 아주 잘 본 아이들도 있었다. 이게 어떻게 된 일이지?

알고 보니 우리 애를 비롯해 많은 아이들이 망쳤다는 도덕 수업은 일반 수업과 진행 스타일이 달랐다. 도덕 선생님은 아이들이 내용을 쉽게 이해할 수 있도록 우리 주변의 다양한 사례를 들어가며 수업을 하고 그것을 시험에 내는 것이었다. 그러니 수업 시간에 열심히 들은 아이들은 시험을 잘 보았을 테고 그렇지 않은 아이들은 낮은 점수를 받는 것이 당연지사였다. 그러곤 배우지도 않은 것이 시험에 나왔다며 그 탓을 선생님에게 돌리다니. 우리 애가 수업 시간에 무슨 짓을 하고 있는지, 교과서에 왜 그렇게 낙서가 많은지 그 이유를 알 것 같았다.

결국 아들은 이런 식으로 중학교 첫 시험의 몇 과목을 망치고 말았다. 다음엔 더 잘하겠다고 나와 약속을 했지만, 그 약속은 지

켜지지 않았다. 그 이유는 근본적인 문제, 수업을 제대로 듣는 문
제가 해결되지 않았기 때문이다.

듣기능력의 차이가
성적을 좌우한다

초등학교 때까지는 듣기능력이 다소 미흡하더라도 어느 정도 상위권을 유지할 수 있다. 하지만 중학생이 되면 듣기능력이 미흡한 아이와 우수한 아이의 성적 격차는 엄청나게 벌어진다.

현진이는 어려서부터 책을 많이 읽어 읽기능력은 상당히 우수하였다. 그리고 공부할 때 몰랐던 문제는 반드시 짚어 확실히 이해할 때까지 복습한다. 그런데 언제나 시험을 보면 한두 개씩 꼭 틀린다. 현진이의 엄마는 이유를 모르겠다며 걱정한다.

만일 내 아이가 현진이처럼 열심히 공부하는데다 읽기능력에 아무 이상이 없음에도 만족할 만한 성적을 받지 못한다면, 아이가 수업 시간에 잘 집중하는지 알아볼 필요가 있다. 아이가 웬만큼 읽기능력을 갖추고 있다면, 책 읽고 문제집 푸는 것만으로도 초등학교 시험 정도는 큰 무리 없이 해결할 수 있다. 게다가 학원을 다니거나 엄마가 옆에서 공부를 도와준다면 성적은 더 좋아진다.

대부분의 엄마들은 아이의 학교생활을 알 수가 없다. 더욱이 학교 수업 시간에는 옆 친구와 장난치거나 딴생각하는 아이도 대개 엄마 앞에서는 얌전히 공부한다. 학교나 학원 선생님보다 엄마가 더 무섭기 때문이다. 그래서 엄마들은 내 아이가 혹시 수업 시간에 선생님 설명에 집중하지 못하더라도 이를 눈치 채지 못한다.

교과서를 기본으로 하되 풍부한 사례를 들어가며 수업하는 선생님일수록 그 사례들을 활용해 시험 문제를 다각도로 출제한다. 그렇기 때문에 시험을 잘 보고 싶다면 수업 시간에 선생님 말씀을 놓치지 말아야 한다. 하지만 일부 아이들은 수업 시간에 졸거나 딴 짓을 한다. 심한 경우 학원 숙제를 하는 아이도 있다. 이런 아이들은 학원이나 집에서 아무리 열심히 공부해도 반드시 몇 개씩 틀리게 된다. 엄마가 보기엔 열심히 공부하는 것 같으니 그 점수가 이해 가지 않을 것이다. 그러나 시험은 엄마도 학원 교사도 아닌, 학교 선생님이 출제한다는 사실을 잊지 말아야 한다.

미란이의 경우를 살펴보자. 미란이의 엄마는 이렇게 말했다.

"학년은 점점 올라가고 이런 식으로 가다가는 도저히 안 되겠다 싶었어요. 그래서 며칠 전부터 미란이를 옆에 끼고 가르치기 시작했지요. 그런데 한참 설명을 하다 보니까 애가 무슨 생각을 하는지 '멍'해 있는 거예요. 그것도 모르고 저 혼자 열심히 떠들고 있었던 거죠. 어찌나 화가 나던지. 학교에서 배우고, 그걸 또 엄마가 가르쳐 주는데 왜 모르느냐, 모르면 잘 듣기라도 해야지 왜 딴생각하고 있느냐며 다그쳤지요. 그랬더니 글쎄 엄마랑 선생님이 공부를 가르쳐 주면 무슨 말인지 잘 모르겠대요. 그래서 자꾸 딴생각이 난다는 거예요.”

미란이는 현진이와 좀 다른 사례이다. 현진이는 능력은 충분히 갖추었으나 수업 시간에 선생님 이야기를 귀담아듣지 않은 경우이다. 반면 미란이는 근본적으로 듣고 이해하는 능력, 즉 ‘총체적인 듣기능력’이 부족한 경우이다. 미란이 같은 아이는 읽기능력도 자기 학년 수준보다 낮을 가능성이 높다.

두 아이의 사례만 보더라도 공부를 잘하기 위해서는 ‘잘 들어야 한다.’는 것을 알 수 있다. 이것은 많은 학자들의 연구 결과에서도 알 수 있다. 듣기능력과 학습능력의 상관관계를 연구한 학자들에 의하면 듣기능력이 학업과 깊은 상관관계를 가지고 있다고 한다. 듣기능력과 학업 성취도 간의 상관관계를 연구한 ‘심영택(1989)’ 박사는 “듣기능력이 모든 학업 성적에 영향을 미치며 특히 국어 성적과는 아주 밀접한 관계가 있다.”고 발표했다. 듣기는 사고력과 직결되는 언어 능력이기 때문이라는 것이다.

국어학자 ‘이재승(1997)’ 박사는 “정보의 수용능력은 듣기, 읽기로 구분되나 생활에서 가장 기본 요소는 듣기이며 어린이의 학습은 듣기에서 시작된다.”고 했다. 그리고 “듣기능력은 일부 자연적으로 습득되기도 하지만 의도적이고 계획적인 교육을 통해 더 많이 신장시킬 수 있다.”고 했다.

학자들의 연구가 아니더라도 아이들이 학업을 제대로 수행하기 위해서는 다른 어떤 능력보다 듣기능력을 필수적으로 갖추고 있어야 한다는 것을 알 수 있다[1]. 학교 수업은 60% 이상 선생님의 설명을 듣고 이해하는 방식으로 진행된다. 따라서 듣기능력이 우수한 학생은 그만큼 많은 것을 얻을 수 있으며 그 결과 공부도 잘하게 된다.

선생님은 비록 내용이 어렵고 교재가 불충분한 상황일지라도 그동안 쌓은 노하우를 발휘해 아이들이 이해하기 쉽도록 풀어 설명한다. 그리고 경험이 많은 선생님일수록 교과서에 없는 내용까지 다양하고 풍부하게 가르친다. 또 그것을 시험으로 출제하기도 한다. 아무리 열심히 공부해도 수업 시간에 집중해서 잘 듣지 않으면 최상의 성적을 거두기 어려운 것도 이 때문이다. 성적을 올리기 위해서는 무엇보다 선생님 말씀에 귀 기울여야 한다.

:: 듣기능력의 차이를 보여 주는 사례

다음 22쪽의 자료는 중학교 1학년인 두 아이의 교과서이다. 무엇이 다른지 비교해 보자.

나선이의 교과서는 중요한 부분에 밑줄이 그어져 있고, 선생님이 설명한 듯한 내용이 적혀 있다. 그리고 아마 시험에 나온다고 선생님이 강조했는지 별표를 해놓고 시험이라고 적어 놓았다. 낙서 같은 것은 어디에도 찾아볼 수 없다. 누가 보아도 아주 열심히 공부하는 아이의 교과서라는 걸 알 수 있다. 반면 기철이의 교과서

---

1) 학업을 수행하기 위해 기본적으로 갖추어야 할 수용능력은 '읽기능력'과 '듣기능력'이다. '읽기능력'에 관해서는 「초등 읽기능력이 평생 성적을 좌우한다(글담출판사)」에 밝힌 바 있다.

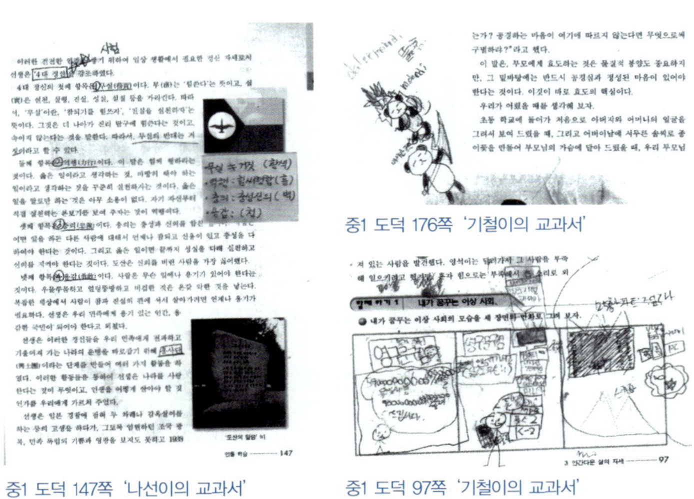

중1 도덕 176쪽 '기철이의 교과서'

중1 도덕 147쪽 '나선이의 교과서'

중1 도덕 97쪽 '기철이의 교과서'

를 보면 낙서장인지 공부하는 책인지 구분이 가질 않는다. 지저분하게 오물이 묻어 있는데다, 그림도 그려져 있다. 본인이 꿈꾸는 이상 사회를 그려 보라는 학습란에는 생각한 흔적은 보이지 않고 성의 없는 그림과 이상한 낙서만 잔뜩 보인다. 이 교과서의 주인이 수업 시간을 어떻게 보냈는지 충분히 상상이 된다. 지금 비교 제시한 것은 도덕 교과서이지만 다른 교과서도 이와 크게 다를 바 없었다. 당연히 학교 성적도 크게 차이가 난다. 기철이는 반에서 20등 정도인 반면 나선이는 중학교 1학년 내내 반에서 3등을 벗어난 적이 없다.

내 아이가 과연 수업 시간에 집중해서 잘 듣고 있는지, 선생님과 충분히 상호 작용 하고 있는지 궁금하다면 우선 아이의 교과서와 노트를 살펴보길 바란다. 만일 낙서가 잔뜩 있다면 십중팔구 제대로 듣고 있지 않을 가능성이 높다. 그렇다면 당장 주의를 기울여야 한다. 그리고 선생님의 설명을 받아 적지는 못하더라도 최소한 수업 중 낙서하는 버릇은 없애야 한다.

'듣기'와 '말하기', 무엇이 먼저일까?

모든 언어의 기본은 듣기이다. 현재 아무리 말하기가 뛰어나더라도 듣기능력이 바탕이 되지 않으면, 시간이 지날수록 말하기에도 문제점이 드러나게 된다.

연정이의 엄마는 공개 수업이 있어 학교에 다녀왔다. 그런데 영 얼굴색이 좋지 않다. 남들은 서로 발표하겠다고 난리인데 숫기 없는 얼굴로 조용히 앉아 있는 연정이 모습에 속이 상한 것이다. 간혹 선생님의 질문에 대답하는 듯 입을 오물오물 움직이는 것 같은데 영 소리가 들리지 않았다. 그런 딸아이를 보고 있자니 남들한테 치이는 것 같아 애가 탔다. 무엇을 시켜야 목소리도 커지고, 남들처럼 발표도 잘하게 될까 조바심이 났다.

학년 초 반장 선거도 어르고 얼러 내보냈다. 하지만 평소 야물기로 소문난 정민이한테 밀려 떨어지고 말았다. 성적으로 치자면 연정이가 정민이보다 한 수 위인데 말이다. 그때도 오늘처럼 속상했다. 담임선생님을 만나 상담하면 "그래도 할 말은 다 해요. 걱정 마세요."라고 웃으며 말한다. 연정이의 엄마는 그런 대답 말고 "어이구, 연정이야 야무지지요. 얼마나 말을 잘하는지, 하하하. 당당한 것이 여장부랍니다." 뭐 이런 소리 한번 들어 봤으면 소원이 없겠다.

그러면 연정이의 엄마가 그렇게 부러워하는 정민이의 엄마는 어떻게 생각하고 있을까? 정민이가 학교에서 발표도 아주 잘한다고 하고, 남에게 딸내미 야무지단 소리를 들으면 솔직히 기분 좋긴 하다. 어쩌다 말씨름이라도 하면 당해 낼 재간이 없을 만큼 말도 잘한다.

하지만 평소 정민이의 언행을 보면 못마땅한 점이 꽤 있다. 뭐라고 해야 할까? 한마디로 버릇이 없다. 자기 하고 싶은 얘기만 툭툭 던지고, 듣기 싫은 소리라도 할라치면 눈을 착 내리깔고 한마디도 안 하는 것이다. 엄마 말을 듣지 않고 무시하는 것 같아 은근히 기분 나쁠 때가 많다. 친구들끼리 놀 때도 자기 마음대로 하려 한다. 다른 아이들 말은 들어 주지 않는다. '저러면 애들이 싫어할 텐데. 지금은 애들이 어리니까 저하고 놀지. 조금만 커도 저렇게 잘난 척하고 자기 말만 하는 아이는 왕따 시킨다던데, 큰일이네.' 정민이의 엄마는 걱정이 앞선다.

한번 생각해 보자. 내 아이는 연정이와 정민이 중 누구와 비슷한가. 그리고 누구와 닮았으면 좋겠는가.

아이를 초등학교에 막 입학시킨 엄마들은 아이가 학교에 잘 적응하는지, 짝꿍은 누구인지, 선생님은 어떤 분인지 궁금한 것이 많다. 그러다 아이가 무사히 학교에 적응하는 듯 싶으면 바로 관심사가 '오늘은 누가 선생님 눈에 띄어 발표도 많이 하고 칭찬도 많이 받았는지.'로 변한다.

이는 모임에서 엄마들의 대화만 들어도 알 수 있다. "그 집 애는 목소리도 크고 발표도 잘한다면서요." "우리 애는 왜 그렇게 목소리가 작은지 모르겠어요." "선생님이 아무리 손을 들어도 발표를 시켜 주지 않는다고 하더라고요." "누구는 맨날 발표시키고 심부름도 시킨다고 하던데. 아무래도 너무 편애하는 것 같아요." 이처럼 자신의 아이가 얼마나 많이 이야기하다 오는지 그리고 누가 야단맞고 칭찬 받았는지에 더 많은 관심을 둔다.

선생님과 친구의 이야기에 얼마나 집중하여 듣는지에는 신경 쓰지 않는다. 심지어 선생님의 전달 사항을 제대로 전하지 못하는 일이 생겨도 아이의 듣기능력에 대해서는 전혀 걱정하지 않는다. 그냥 '남자애라 그런지 학교에서 있었던 일을 잘 얘기하지 않는구나.' 하며 가볍게 넘어간다. 사실 이런 일이 반복되면 얼른 담임선생님과 면담해야 한다. 그리고 아이가 수업을 집중해서 잘 듣는지 확인해야 한다.

그런데 정작 부모들은 선생님이 나만 안 시킨다는 아이의 불평에 더 긴장하고 무슨 일이 있나 불안해한다. 사실 이성적으로 생각해 보면 아이의 그런 불평이 사실일 가능성은 그리 많지 않은데도 말이다.

엄마들의 교육 덕분인지 요즘 주변을 둘러보면 말 못하는 아이가 드물다. 그런데 조금만 관찰해 보면 결코 그 아이들이 말을 잘하는 것이 아님을 알 수 있다. 그런 아이 대부분이 자기주장만 내세우거나 우기기 잘하는 아이인 것이다. 남의 말에 귀 기울이며 상황과 시기에 맞게 말하는 아이는 잘해야 열에 하나 정도이다. 잘말한다는 것을 다르게 표현하면 잘 듣는 것이다. 즉 정말 말 잘하는 아이란 잘 듣는 아이이다.

하지만 대부분의 부모들은 아이가 말을 잘한다는 사실에 흡족하여 아이의 듣기능력에 대해 살펴볼 생각을 하지 못한다. 말의 내용을 듣는 사람이 이해하지 못하면 말하기는 그 자체로서 아무런 역할도 하지 못한다. 따라서 말하기 전에 듣기 교육이 우선되어야 한다. 해당 언어를 이해하기만 하면 말하기는 자연스럽게 개발될 수 있다는 '이해중심 접근법comprehension-based approach'이 대두되면서 많은 학자들이 듣기 지도의 중요성을 강조하고 있다. 따라서 아이가 수업 중에 얼마나 발표를 잘하는지, 친구 사이에서 얼마나 자신의 의견을 잘 피력하는지보다 얼마나 잘 듣고 적절하게 대답하는지에 주목해야 한다.

듣기능력에 대한
부모들의 착각

배움의 과정에서 듣기는 읽기보다 적어도 5, 6년 먼저 일어나며, 모든 학습은 듣기에서 시작된다. 하지만 현재 아무도 아이의 듣기능력에 관심을 기울이고 있지 않다.

듣기는 인간이 태어나서 가장 먼저 접하게 되는 언어 활동이다. 언어학자 '랜킨Rankin'의 연구에 의하면 "사람들의 언어 활동에서 각 영역이 차지하는 비중은 듣기 45%, 말하기 30%, 읽기 16%, 쓰기 9%"라고 한다. 인간의 언어생활 대부분이 말하기, 듣기로 이루어지며 그중 듣기가 가장 많은 비중을 차지한다. 특히 배움의 과정에서 듣기는 읽기보다 적어도 5, 6년 먼저 일어난다. 유아기의 아이는 누군가 말하는 것을 들으며 처음으로 세상에 대한 지식을 얻는다. 이때 듣기는 지시를 따르고, 정보를 모으고, 새로운 아이디어를 탐색하고, 이야기를 즐기고, 다른 이와 경험을 공유하는 중요한 과정이다.

유치원에서도 아이는 듣기를 통해 모든 활동에 참여하게 된다.

이처럼 유아에게 듣기는 효율적인 학습과 원활한 사회관계를 형성하는 수단이다.

물론 그 후 문자를 익혀 읽기 활동을 시작한다. 그렇다고 듣기의 역할이 줄어드는 것은 아니다. 학교에서 이루어지는 학습과 일상생활의 의사소통 장면을 생각해 보면 듣기의 중요성을 알 수 있다.

외국의 한 언어학자 '윌트Wilt'는 학생이 학교생활의 60%를 듣기에 사용한다는 연구 결과를 발표했다. 또한 제7차 교육 과정까지만 해도 국어 '말하기·듣기'였던 교과서명이 2009년 개정된 제8차 교육 과정에서는 듣기 교육의 중요성을 인식해 '듣기·말하기'로 변경됐다. 우리는 말하는 양의 두 배를, 읽는 양의 네 배를 그리고 쓰는 양의 다섯 배를 듣는다고 한다. 따라서 듣기가 제대로 되지 않으면 교육 활동에 지장이 생긴다.

이뿐만이 아니라 다른 사람의 이야기를 올바로 알아듣지 못해 사소한 의견 충돌이 생기거나 의사소통에 어려움을 겪는 등 일상생활에 지장을 초래한다. 이것이 심할 경우 따돌림 현상까지 발생하기도 한다.

이처럼 듣기능력은 대단히 중요하다. 하지만 현재 학교나 집에서는 듣기능력을 길러 주기 위해 그 어떤 적극적 노력도 보이고 있지 않다.

:: 듣기능력 교육이 미비한 이유 3가지

① 특별한 교육 없이도 듣기능력은 저절로 발달한다는 착각

사람은 태어나면서부터 듣기 환경에 노출된다. 어렸을 때부터 자연스럽게 이러한 언어 환경에 둘러싸여 점차 듣기에 친숙해진다. 그리고 어느 날 수많은 듣기 자극 속에서 말하기를 깨우친다. 그렇기 때문에 우리는 듣기가 특별한 지도 없이도 저절로 습득되며 길러지는 능력으로 인식한다.

더욱이 대부분의 부모나 선생님들은 초등학교 입학 전 아이가 듣고 말할 수 있는 것을 듣기 과정의 완성이라고 여긴다. 이로 인해 특별한 교육이 필요 없다고 생각하는 것이다.

② 객관적 듣기능력 진단의 어려움

안타깝게도 아직 듣기능력을 측정하거나 진단할 만한 평가 도구가 개발되지 않았다. 따라서 연령에 맞는 듣기능력 수준과 듣기 내용 요소 설정에 대한 기준이 명확하지 않다. 따라서 아이의 듣기 능력을 객관적으로 진단하기 어렵다.

진단이 어려우니 수준에 맞게 듣기능력을 길러 줘야 한다는 것을 중요하게 여기지도, 적극적으로 연구하지도 않는 실정이다. 그러니 부모들이 듣기능력에 관심을 가질 리 만무하다.

③ 듣기능력 개선 방법의 부재

아이의 듣기능력을 정확히 진단하긴 어렵더라도 의심이 된다면, 그에 따른 적절한 지도가 실행돼야 한다. 하지만 듣기능력을 키워 줄 만한 지도 방안의 연구가 빈약한 것이 현실이다. 이로 인해 현재 듣기능력 교육은 '주의를 집중해라.' '바른 자세로 들어라.' 정도의 태도 지도가 전부이다.

듣기능력은 언제부터
길러 주어야 할까?

듣기능력은 초등 1학년 때부터 기초를 잘 다져 성장 단계에 따라 지속적으로 행해져야 소기의 목적과 효과를 얻을 수 있다.

듣기는 모든 학습의 기초이다. 학생들은 듣기를 통해 정보를 얻는다. 그래서 듣기능력이 좋은 학생은 그만큼 많은 지식과 정보를 얻을 수 있다. 물론 듣기능력만이 성적의 우열을 결정짓는 것은 아니지만, 학습능력 향상에 상당한 비중을 차지하는 것은 사실이다.

듣기능력은 중학교 때부터 본격적으로 학습에 영향을 미치기 시작한다. 초등학교 선생님들은 중요한 내용을 아이들이 이해하기 쉽도록 칠판에 필기를 하거나 다양한 화면 자료를 사용한다. 그리고 아이들이 필기를 무사히 마칠 수 있도록 기다려 준다.

하지만 중학교에 가면 초등학교 때 이미 수업에 필요한 모든 언어적 능력을 익혔다는 판단하에 수업이 진행되기 때문에 그러한 배려는 기대할 수 없다. 학업 내용은 초등학교에 비해 월등히 어렵고, 수업 진도는 빠르다. 하지만 선생님들은 학생들을 기다려 주지 않는다. 이론적으로는 중학생이 되면 이 정도 수준의 수업을 받을 수 있는 듣기능력을 갖추고 있어야 한다. 초등학교 교과 과정을 통해 올바른 듣기 태도와 요령을 습득했어야 한다. 하지만 아이들의 실력은 그렇지 못했음을 말해준다.

한 중학교 국어 교사의 말을 빌리면 "상당수의 학생들이 학습을 위한 듣기능력을 갖추지 못했다."고 한다. 그렇다고 선생님들이 따로 시간을 할애하여 수업을 듣는 올바른 방법에 대해 알려 주지는 않는다. 그럴 만한 마음의 여유도 시간도 없기 때문이다. 따라서 중학교에 가기 전, 충분히 듣기능력을 길러 두어야 한다. 그렇지 않으면 학업에 뒤처지는 것은 순식간이다.

듣기능력은 적극적 지도 없이는 발달시키기 어렵다. 더군다나 듣기 교육을 위한 연구도 활성화되어 있지 않다. 하지만 믿음을 가지고 듣기능력 향상을 위해 노력을 기울인다면 반드시 개선될 수 있다.

그렇다면 언제부터 아이에게 듣기능력을 길러 주어야 할까?

'이재승' 박사는 "듣기능력은 초등 1학년 때부터 기초를 잘 다져 성장 단계에 따라 지속적으로 행해져야 소기의 목적과 효과를 얻을 수 있다."고 하였다. 또 '초등학생의 듣기능력 신장

방안'을 연구한 '김미경(제주교육대학교 교육대학원 석사)' 씨는 "초등 1학년 때의 국어 교육은 일생의 언어생활을 좌우하는 기초가 된다."고 말했다. "그중 듣기는 실생활에서 가장 실용성이 높으며, 문자 언어 교육의 바탕이 된다."고 주장했다.

그렇다면 교육 과정상에서는 언제부터 듣기 교육이 본격적으로 행해지고 있을까?

새로 개정된 제8차 교육 과정에서는 초등학교 1학년 때부터 '듣기·말하기' 과목을 통해 '올바른 듣기 태도'와 '필기하며 듣기'를 가르치고 있다. 그리고 들으며 새로운 정보를 확인하고, 나와 의견이 다른 사람과 대화하는 방법에 대해 가르친다. 3학년 때는 '경청의 중요성'과 '경청하며 듣기', '인과^{因果} 분별하며 듣기', '배경 지식 동원해 듣기' 등 듣기의 기본 능력을 갖출 수 있도록 지도한다. 그리고 4학년 때는 '줄거리 간추리며 듣기', '보도 내용 파악하며 듣기' 등 학년별로 필요한 듣기능력을 체계적으로 가르친다. 그리하여 6학년이 되면 그동안 배운 것을 바탕으로 필요에 따라 적절한 듣기를 선택할 수 있도록 가르친다.

초등학교에 입학하지 않았어도 내가 오랜 세월 학생들에게 독서·논술 지도를 해온 경험으로 미루어 6, 7세만 되어도 듣기 교육은 충분히 가능하다. 이 연령대의 아이들은 다른 사람의 이야기에 집중해야 하는 이유를 충분히 인지하고 있으며 놀이를 통해 듣기 교육을 꾀할 수 있다. 제8차 교육 과정을 보더라도 1학년 때 벌써 '주요 내용 파악하며 듣기'를 가르치나 싶을 정도로 듣기 교육이 점차 강화되고 있는 추세이다.

이러한 교육 과정과 적절한 듣기 지도 시기에 대한 연구 그리고 실제 아이를 지도한 경험을 바탕으로 아이가 초등학교에 입학했다면 체계적으로 듣기 지도를 시작해야 함을 알 수 있다. 아니, 좀 더 일찍 5~6세쯤 시작해도 전혀 이르지 않다.

도대체 듣기능력이란 무엇인가?

듣기능력이란 정보를 이해, 해석, 종합하여 자신의 반응을 이끌어 내는 고도의 추상적 이해능력이다. 수업을 듣는다는 것은 단순히 음성 정보만을 받아들이는 것이 아니라, 자신의 배경 지식을 동원하여 그 정보를 재해석하고 정리하고 판단하여 적용하는 과정이다. 따라서 제대로 된 듣기능력이 성공적인 학습을 가능케 한다.

듣기능력이란 무엇인가?

듣기능력이란 읽기능력과 더불어 혹은 그 이상으로 학습능력과 상관관계가 높다.

앞장에서 듣기능력이란 읽기능력과 더불어 혹은 그 이상으로 학습능력과 매우 상관관계가 높다는 것을 거듭 강조했다. 앞장을 읽은 독자들은 이 말에 반쯤은 고개를 끄덕이며 동의했을 것이다. 하지만 한편으로 이런 궁금증이 생길 것이다. '그래, 듣기능력이라는 것이 왜 중요한 건지는 알겠어. 그런데 듣기능력이 정확하게 뭐지?'

정확하게 말하면 '듣기능력'이란 배경 지식을 동원하여 받아들인 정보를 이해, 해석, 종합하여 자신의 반응을 이끌어내는 고도의 추상적 이해능력이다. 또한 올바른 듣기를 위해서는 충분한 어휘력과 배경 지식을 갖추어야 하며, 상대의 이야기를 귀담아듣는 마음가짐과 태도를 지녀야 한다. 따라서 듣기능력이란

이 모든 것을 통틀어 말한다.

다음 듣기 자료를 이용하여 듣는 동안 일어나는 사고 과정에 대해 알아보자.

::듣기 사고 과정

[듣기 자료]

여름철에는 장염과 식중독 같은 질병에 걸리기 쉽다. 올여름에는 특히 해수 온도의 상승으로 질병이 발생할 가능성이 높아 식품의약품안전청이 주의를 당부하고 있다. 이제부터 쉽고 효과적인 여름철 질병 예방법을 소개하고자 한다.

대부분의 전염성 질병들은 손을 통해 전염된다. 따라서 이를 예방하기 위해서는 손 씻는 것이 무엇보다 중요하다. 국민건강보험공단 일산병원 감염내과 허애정 교수는 손 씻기만으로도 70% 이상 질병 예방 효과를 볼 수 있다고 한다.

건강을 지켜 주는 올바른 손 씻기 방법은 다음과 같다.

먼저 손바닥을 서로 비빈 후 손등을 비벼 닦는다. 손가락 사이사이도 문지른 뒤 안쪽 손목까지 깨끗하게 헹군다. 물기를 닦기 위해 뽑은 휴지로 수도꼭지를 잠가야 2차 감염을 막을 수 있다.

화장실을 다녀온 후나 음식을 먹기 전, 충분한 시간을 들여 비누와 물로 꼼꼼히 씻는 습관을 어려서부터 길러 주는 것이 매우 중요하다. 자주 올바르게 손 씻는 습관으로 전염성 질병에 대한 걱정을 깨끗이 털어 내고, 건강한 여름을 보내길 바란다.

위의 듣기 자료는 '손만 잘 씻으면 여름철 질병을 예방할 수 있다.'는 주제이다. 아이들은 이 내용을 듣고 다음과 같은 사고 과정을 거쳐 이해하게 된다.

[사고 과정]

여름철에는 질병에 걸리기 쉽다는 말을 들으면서 '아, 맞아. 작년 여름에 동생이 장염에 걸려서 매일 설사하고 고생했지.' '여름만 되면 단체로 식중독 걸려서 입원하는 뉴스가 많이 나던데.' 하며 **듣는 내용과 관련된 경험이나 지식을 떠올리게 된다.** 또 해수 온도의 상승으로 질병 발생 가능성이 높다는 말을 들을 때는 '해수 온도면 바다 온도를 말하나? 바다 온도가 오르는데 왜 질병이 발생하지?' 하며 **이해되지 않는 부분에 대해 의문을 갖는다.** 그리고 전문가의 말을 들려줄 때는 '아, 그렇구나. 꼭 손을 씻어야겠네.' 하며 보다 신뢰감을 가진다.

또 한편으로 하얀 연기를 뿜는 소독차를 떠올리며 '이것 역시 질병 예방을 위한 것이로구나.' 하며 **관련 지식과 연관 짓기도 한다.** 손을 씻을 때면 들은 것을 떠올려 평소보다 깨끗이 닦는 등 **실생활에 적용한다.**

이렇게 듣기는 단순히 음성 정보를 받아들이는 것이 아니다. 사고 과정을 거쳐 인식하고 이해하며, 종합해서 판단하고 적용하는 전반적인 이해 과정이라 할 수 있다.

듣기능력이
뛰어난 아이는 이것이 다르다

듣기능력은 단순히 학습에만 영향을 미치는 것은 아니다. 앞으로 필요로 하는 인재상에도 듣기능력은 빠져서는 안 될 능력 중 하나이다.

내가 가르치는 아이들의 학교에서 전교 어린이회 임원 선거가 있었다. 이번 선거에서 5학년인 성환이가 전교 어린이 부회장이 되었다고 한다. 성환이와 경쟁한 후보들은 하나같이 말도 잘하고 공부도 잘하는 내로라하는 아이들이었다. 엄마들 사이에 이처럼 쟁쟁한 후보들을 제치고 부회장으로 당선된 것으로 보아 엄마가 무던히도 노력한 모양이라는 말이 돌았다. 바람직하진 않지만 초등학교 임원 선거가 엄마의 도움 없이 불가능한 현실로 볼 때 그런 소문이 돌만도 했다.

그렇지만 사정을 알고 보니 다른 엄마들의 생각과는 달리 성환이 자체가 부회장이 될 만한 재목이란 생각이 들었다. 제자들에게 이번 임원 선거에서 누굴 뽑았냐고 물었더니 대부분의 아이들이 성환이를 뽑았다고 했다. 특히 동생들에게 인기가 있었다. 2학년 진형이는 "그 형 진짜 착해요." 하면서 다음과 같은 사례를 말해 주었다.

"친구들과 복도에서 장난을 치다 실수로 5학년 교실 창문을 깨고 말았어요. 형들이 뛰쳐나와 막무가내로 겁을 주며 교무실로 끌고 가는데. 너무 무서워 '엉엉' 울었어요. 그런데 성환이 형이 나타나 친구들을 말리며 왜 그랬냐고 묻는 거예요. 울먹이는 목소리로 장난치다 실수로 그랬다고 대답했어요. 그러자 실수한 거니깐 괜찮다며 교실로 돌아가라고 하는 거예요."

이 일을 계기로 아마 성환이는 다그치고 겁주는 다른 형들과 달리 대단히 좋은 형으로 기억된 모양이다.

그리고 다른 아이가 또 다른 일화를 얘기해 주었다.

"선거 전에 '학교 발전을 위해 우리가 해야 할 일'이란 주제로 후보들끼리 토론을 나누는 모습이 각 교실에 방송되었어요. 그때 성환이는 다른 후보들과 확연히 달랐어요. 모든 아이들이 미리 준비한 내용을 외워서 발표했는데, 성환이는 준비된 멘트가 아닌 자신의 생각을 다른 사람의 의견과 비교해 가며 논리적으로 말하더라고요."

적어도 임원 선거에 출마할 정도의 아이라면 한결같이 우수한 성적과 리더십을 자랑할 것이다. 그런 친구들을 제치고 당선된 데에는 여러 이유가 있을 것이다. 하지만 제자들의 이야기를 들어 보니 가장 큰 요인은 다른 사람의 말을 귀담아듣는 습관 때문이었음을 알 수 있었다. 남의 의견과 견주어 논리적으로 생각을 정리하기 위해서는 다른 사람의 말을 잘 들어야 하기 때문이다. 또 2학년 진형이의 말만 들어도 알 수 있듯이 성환이는 남의 말은 듣지 않고 자기 생각대로 행하는 아이가 아닌 것이 분명했다. 자신의 이야기에 귀 기울여 주는 사람을 싫어하는 사람은 없다.

문득 어린이를 대상으로 토론 프로그램을 운영하는 모 업체의 TV 광고가 떠오른다.

콧대 높은 엄마와 회장이 됐다는 똑똑한 아이 그리고 그 둘을 바라보며 '어떻게 하면 저 아이처럼 잘 키울 수 있을까?' 하며 부러워하는 엄마들이 나온다. 이와 함께 토론을 잘하면 이렇게 될 수 있다, 그러니 우리 프로그램을 시키라는 멘트가 흐른다.

단순히 성적만 좋은 아이가 아니라 강한 책임감과 통솔력을 갖춘 리더형 인재로 키우고 싶어하는 부모의 욕구를 꿰뚫은 광고이다. 이것은 모든 부모의 마음이기도 할 것이다. 요즘 부모에게 성적은 필수, 임원은 선택인 것이다.

그렇다면 부모들이 생각하는 '리더'란 무엇인지 그리고 내 아이가 어떤 리더가 되길 원하는지 묻고 싶다. 회장이나 반장이 되면 리더가 되는 것일까?

이 시대는 급변한다는 말로는 표현할 수 없을 정도로 빠르게 변화하고 있다. 촌각을 다투며 수많은 정보가 정신없이 쏟아진다. 어제와 오늘은 말할 것도 없이 한 발짝 내딛을 때마다 모든 것이 달라진다. 이러한 환경에서 매 순간 중요한 결정을 내리며 책임져야 하는 리더는 아무나 될 수 없다.

과거 리더는 똑똑함이 필수 조건이었다. 그러나 세상이 달라진 지금 똑똑한 리더보다는 똑똑한 사람들을 통솔할 리더를 필요로 한다. 더 이상 공부 잘하고 발표 잘하는 것이 리더의 충분조건이 아닌 것이다. 그렇다면 어떠한 능력이 추가되어야 할까? 그것은 바로 가장 높은 수준의 듣기능력이라 할 수 있는 '공감적 듣기능력', 즉 '경청'이다. 그런 의미에서 앞의 성환이를 바로 차세대 리더로 미리 점쳐 볼 수 있다.

진정한 리더는 큰 소리를 낼 필요가 없다. '나를 따르라!'라고 외치지 않아도 사람들이 알아서 따르기 때문이다. 세종대왕은 한국 역사상 가장 위대한 리더로 손꼽힌다. 특히 신하들의 의견을 두루 듣는 '경청' 리더십으로 유명하다. 다른 임금들은 자신과 신하들 간에 의견이 대립하면 왕권을 휘둘렀지만, 세종은 계속해서 대화하며 설득하는 방법을 택했다.

삼성그룹 창업자인 고故 이병철 회장의 경영 철학도 세종대왕과 맥을 같이한다고 볼 수 있다. 현재 삼성그룹을 이끌고 있는 이건희 회장은 자신의 아버지 이병철 회장에게 받은 최고의 유산으로 '경천득심驚天得心, 하늘을 공경하면 마음을 얻는다.'이란 말을 꼽았다. 그리고 그 유산은 그의 아들에게도 내림했다고 한다. 이들은 하나같이 조용하고 부드럽지만 강인한 리더십을 자랑한다. 그들은 지시하고 명령하기에 앞에서 무엇을 해야 하는지 잘 알고 있었다.

이는 내 아이가 이 시대의 진정한 리더로 성장하기 바란다면 큰 소리로 자신을 드러내는 것보다 다른 사람의 소리에 귀 기울이는 법을 먼저 가르쳐야 하는 이유가 된다. 그리고 상대를 쳐다보며 이야기에 공감하고 긍정적 반응을 보이는 것은 듣기의 기본 자세일 뿐 아니라 모든 인간관계의 시작이다.

◉ **듣기능력이 뛰어난 아이의 장점**

－말을 잘한다.

－성적이 우수하다.

－친구들에게 인기가 많다.

－신중하고 의젓하다.

－친구 사이에 리더적인 존재로 반장을 놓치는 법이 없다.

－믿음직스럽다.

－진정한 차세대 리더로 성장한다.

2장

초등 듣기능력을 잡아야 성적도 잡을 수 있다

-듣기능력, 언제 어떻게 길러 줄까?

1.
내 아이 듣기능력에 문제가 있는 걸까?

지금까지 듣기능력은 자연적으로 습득된다고 여겼다. 하지만 상당 부분은 후천적으로 교육과 개발을 통해 발달시켜야 한다. 그렇다면 내 아이의 듣기능력은 괜찮은 것일까? 혹시 성적이 안 좋고, 질문에 엉뚱한 대답을 하고, 텔레비전을 보면서 자꾸 질문을 하는 것은 듣기능력이 부족해서가 아닐까? 듣기능력의 차이는 그 내용이 어려울 때 확연히 드러난다. 일상 대화 중 아무런 문제가 없어 보인다 할지라도 자세히 살펴야 한다.

듣기는 들었는데
무슨 말인지 모른다

열심히 들었는데 무슨 뜻인지 모르겠다면, 듣기능력이 부족한 것이다.

듣기는 정보를 수용한다는 관점에서 볼 때, 읽기와 이해 과정이 크게 다르지 않다. 단지 수단이 다를 뿐이다. 읽기 수단은 '문자'이며 문자는 오래도록 보존된다. 읽은 것이 기억나지 않거나 이해가 가지 않으면 그 부분을 찾아 다시 읽어볼 수 있다. 하지만 듣기 수단인 '말'은 음성으로 발현된 순간 사라진다. 그 순간 상대방의 말을 이해하지 못하면 다시 되돌아가 들을 수 없다. 그렇기 때문에 듣는 즉시 말하는 사람이 어떤 의도로 무슨 말을 하는지 이해하는 능력이 필요하다. 그렇지 않으면 듣고 흘려버리는 내용이 많아 듣기는 들었는데 무슨 의미인지 모르게 된다. 물론 상대방에게 재차 물을 수도 있겠지만 한계가 있다. 따라서 듣는 즉시 말하는 사람의 의도를 파악하고 이해할 수 있어야 한다.

듣기능력이 뛰어난 사람은 자신이 잘 모르는 내용이 나오거나 잠시 이야기를 놓치게 되더라도 당황하지 않는다. 열심히 귀로 들으면서 얼른 책을 찾아보거나 자신이 알고 있는 내용과 연관시켜 유추한다. 필요하면 실례가 되지 않는 범위에서 다시 한 번 설명해 달라고 요청하기도 하는 등 적절한 듣기 전략들을 사용한다. 반면에 듣기능력이 부족한 사람은 이야기를 듣다가 어렵다고 느끼면 그 순간 듣기를 포기한다. 이해하지 못한 부분에 대해 물어도 그냥 다 모르겠다고 답할 뿐이다. 이것은 자신이 어느 부분을 놓쳐서 이해하지 못하는 것인지조차 모르기 때문이다.

듣기능력이 부족하더라도 관심 분야이거나 재미있는 내용이라면 집중해서 듣게 되어 어느 정도 이해하고 기억할 수 있다. 그러나 선생님의 수업처럼 지루하고 어려운 내용이라면 노력 없이 정확하게 이해하기란 어렵다. 게다가 듣기능력이 부족하다는 것은 어휘력, 배경 지식이 부족하여 듣고 바로 이해하는 능력이 떨어진다는 의미이다. 그러하니 설명을 들었다 해도 그 내용을 기억하기란 불가능하다.

한 교실에서 같은 선생님에게 수업을 받았음에도 어떤 아이는 그 과목에서 필요한 지식을 충분히 습득하는 데 반해, 어떤 아이는 엉뚱한 내용만 기억하거나 도통 이해하지 못한다. 이것이 바로 듣기능력의 차이이다.

승현이는 초등학교 4학년이다. 수학 과목이 취약하여 종종 승현이의 엄마가 공부를 봐준다. 같은 문제를 계속 틀리는 것을 보고 열심히 설명해 주지만, 전혀 나아질 기미가 보이지 않았다. "아니, 왜 금방 가르쳐 줬는데도 모르는 거야. 너 엄마가 설명할 때 듣기는 하는 거니?" 하고 답답한 마음에 소리를 질렀다. 그러자 "듣긴 듣는데, 엄마가 무슨 말을 하는지 잘 모르겠어."라고 기어들어 가는 소리로 말하는 것이었다. 심지어 때때로 선생님이 하는 말도 이해가 안 간다고 했다.

아들 녀석이 요즘 배우는 것은 수의 혼합 계산이다. 온갖 수학 공식(+ − × ÷)이 혼재되어 있는 수식을 순서대로 푸는 것만도 벅차한다. 그러니 이를 응용한 문제는 더욱 어렵게 느껴질 것이다. 하지만 똑같은 문제를 학교에서도 배우고 나도 반복해서 가르쳐 주니 충분히 이해하리라 생각했다. 그런데 모르겠다고 한다. 그냥 모르는 게 아니고 선생님 말을 못 알아듣겠단다. 세상에, 그렇다면 수학뿐 아니고 다른 과목에도 다 문제가 있다는 말인데 기가 막힐 노릇이다. 이제 4학년인데, 학년이 올라갈수록 수업 내용은 어려워지고 더 이상 예전처럼 못 쫓아오는 아이들을 위해 선생님이 배려하지도 않을 텐데 어쩌면 좋을지 막막하다.

승현이의 엄마가 어떤 심정일지 충분히 이해한다. 하지만 승현이가 설명을 못 알아듣겠다는 것으로 보아 듣기에 미숙해서 비롯된 것임을 알 수 있다. 물론 승현이의 문제가 모두 듣기능력 때문은 아니다. 하지만 듣기의 미숙함이 다른 문제들을 보다 악화시켰다는 것은 의심의 여지가 없다.

한 초등학교 5학년 담임을 맡고 있는 선생님은 이렇게 말했다. "한 반에서 자신의 설명에 집중하고 이를 바로바로 이해하는 아이는 기껏해야 30%에 불과하다."는 것이다. 이런 문제를 안고 있는 아이가 비단 승현이뿐은 아니라는 걸 알려 준다. 단지 차이라면 다른 아이들은 자신이 겪고 있는 어려움을 말하지 않고 아는 척한 데 반해, 승현이는 솔직히 말했다는 것이 다를 뿐이다. 우리가 해야 할 일은 모든 아이들이 듣기를 잘할 수 있도록 듣기능력을 키워 주는 것이다.

듣기에 집중하지 못해
핵심 파악을 못한다

듣기능력이 부족한 아이는 사소하며 불필요한 것만 기억하다 정작 중요한 것을 놓친다.
시험에 배운 적 없는 것이 나왔다는 것도 다 이 때문이다.

듣기는 순간적으로 사라지는 말을 듣고 그 내용을 이해하는 것이다. 이와 더불어 듣기 상황, 말하는 이의 표정, 분위기 등과 같은 비언어적 단서를 해석해 말하는 이의 의도까지 파악해야 하는 고도의 정신 작용이다. 그래서 일상생활 속 단순한 대화가 아닌, 목적이 있는 내용을 들을 때는 반드시 집중해서 들어야 한다. 그렇지 않으면 무엇이 중요한 말이고 그렇지 않은 말인지 분간하기 어렵다.

듣기능력의 차이는 그 내용이 어려울 때 확연히 드러난다. 다음은 경제 수업이 진행되고 있는 어느 교실 풍경이다. 선생님은 어려운 경제 용어를 아이들이 최대한 이해하기 쉽도록 사례를 통해 설명하고 있다.

[수업 내용]

현영이네 가족은 오늘 놀이 공원에 갔다. 신나게 놀다 보니 아이스크림이 먹고 싶어진 현영 남매는 엄마에게 1,000원씩 받아 소프트아이스크림을 사 먹었다. 어찌나 맛있는지 현영이와 오빠는 하나 더 사달라고 떼를 써 1,000원을 더 받았다. 돈을 받자마자 현영이는 아이스크림을 또 하나 샀다. 이와 달리 오빠는 츄러스를 샀다. 그 모습을 본 현영이는 갑자기 손에 들고 있는 아이스크림이 맛없게 느껴졌다. 분명히 아까 전에 먹은 아이스크림과 똑같은 건데 말이다. 그리고 오빠가 먹고 있는 츄러스가 너무 맛있어 보였다. 그래서 오빠에게 한 입만 바꿔 먹자고 했는데 싫다고 거절당했다. 엄마한테 아이스크림이 맛없다며 자기도 츄러스 먹고 싶다고 떼를 쓰다 결국 혼이 나고 말았다.

선생님 : 현영이와 오빠가 먹은 아이스크림과 츄러스 맛에 점수를 준다면 몇 점이나 될까? 현영 남매 입장에서 점수를 매겨 적어 볼까?

현영	아이스크림	아이스크림
점수	100	50

오빠	아이스크림	츄러스
점수	100	100

선생님 : 이 점수를 '만족감'이라고 해.
　　　　점수를 뭐라고 한다고?
학　생 : 만족감이요.
선생님 : 그래. 뭔가를 샀을 때 느끼는 만족감. 그걸 경제 용어로 '효용'이라고 한단다. 효용이 뭐라고?
학　생 : 샀을 때 만족감이요.
선생님 : 자, 현영이와 오빠가 똑같이 2,000원을 썼는데 누가 더 경제적으로 돈을 썼을까?
학　생 : 오빠요.

선생님 : 그 이유가 뭐지?

학 생 : 오빠는 다양하게 사 먹었어요.

　　　　만족감이 더 높아서요.

선생님 : 그렇지. 아주 잘 알고 있구나. 오빠처럼 경제적으로 돈을 쓰는
　　　　사람을 '경제인'이라고 해. 그런데 오빠는 만족감이 계속 100인
　　　　데 현영이는 왜 만족감이 100에서 50으로 떨어졌을까?

학 생 : 오빠가 먹는 츄러스가 먹고 싶어서요.

　　　　똑같은 걸 계속 먹어 맛없게 느껴져서요.

선생님 : 그래. 아무리 맛있는 아이스크림이라도 연달아 여러 개를 먹으라
　　　　하면 절대 안 먹을 거야. 그럼 만약 현영이가 아이스크림을 계속
　　　　먹는다면 '효용'은 어떻게 변할까? 다 함께 표에 만족감을 표시
　　　　해 보자.

아이스크림 개수	1개	2개	3개	4개	5개
점수	100	80	60	20	0

선생님 : 처음 먹을 때보다 다음 먹을 때, 또 그 다음 먹을 때 '효용'이 줄
　　　　어들었지? 이처럼 바로 '다음에 먹을 때 느끼는 효용'을 '한계
　　　　효용'이라고 하는데 이 '한계 효용'은 점점 줄어들게 되어 있어.
　　　　이걸 '한계 효용 체감의 법칙'이라고 한단다.
　　　　'한계 효용 체감의 법칙'은 그 다음의 만족감 그러니까 한계 효
　　　　용이 점점 줄어든다는 뜻이야. 알겠니? 말이 좀 어렵지? 아주 중
　　　　요한 내용이니 다 같이 큰 소리로 말해 보자.
　　　　한계 효용 체감의 법칙.

학 생 : 한계 효용 체감의 법칙!

어렵거나 중요한 것은 반복하고 질문을 되풀이하는 방식
으로 강조하고 있음을 알 수 있다. 듣기능력이 뛰어난 아이와

그렇지 않은 아이의 차이는 이를 눈치 채느냐, 그렇지 않느냐
에 있다.

[유인물]

　　같은 교실 한 선생님에게 수업을 들은 두 사람의 유인물을 비교
해 보자. 한 아이는 선생님이 나누어 준 유인물에 보다 이해하기
쉽도록 선생님의 설명을 필기해 놓았다. 그리고 중요하다는 부분
에 별표를 했다. 반면 다른 한 아이는 유인물에 아이스크림, 츄러

스, 콜라, 졸라맨 등 잔뜩 낙서만 그려 놓았다. 누가 보더라도 어떤 사람이 집중해서 수업을 들었는지 알 수 있다.

듣기능력이 뛰어난 사람은 듣는 내내 집중력을 발휘한다. 그리하여 말하는 이가 무엇을 말하고자 하는지, 사례는 무슨 목적으로 사용되었는지를 연관시키며 듣는다. 때때로 자신의 유사 경험을 떠올려 이해를 돕기도 한다. 그리고 말하는 이가 '질문, 반복, 강한 어조' 등의 방식으로 강조하는 내용에 주목하여 적절히 필기하거나 밑줄이나 별표를 하는 등 자신만의 표시를 해놓는다.

그런데 듣기능력이 부족한 사람은 쉽고 재미있는 애기를 할 때는 집중하지만 다소 어렵거나 복잡한 애기가 나오면 딴 생각하며 흘러버린다. 그래서 수업이 끝나고 나면 정작 중요한 것은 기억 못하고 수업 중에 한 선생님의 농담이나 잡담 같은 것만 기억한다. 그마저도 띄엄띄엄 기억한다. 나중에 시험을 보거나 질문을 하면 '그런 거 배운 적 없다.'고 딴소리하는 것도 이 때문이다.

듣기능력의 부족이 이처럼 학업에만 영향을 준다면 그나마 다행이다. 하지만 우리는 하루에도 엄청나게 많은 대화를 나눈다. 사소한 대화이지만 집중해서 들어야 할 때가 있다. 하다못해 친구끼리 말다툼을 하더라도 상대가 무슨 말을 하는지, 어떤 의도로 그런 말을 하는지 파악해야 내가 하고 싶은 말을 효과적으로 전달할 수 있다. 이 외에도 심부름할 때, 전달 사항을 들을 때 등 상대방의 말을 정확하게 파악해야 할 때가 있다. 이때 제대로 듣지 못하면 가

벼운 실수로 끝날 수도 있지만 자칫 엄청난 실수로 이어져 낭패를 볼 수도 있다. 만일 아이가 듣기능력이 부족해 들을 때 집중을 잘 못한다면 다음의 방법을 사용하도록 권해 보자.

- 집중하고 있지 않을 때 옆 친구에게 알려 달라고 부탁한다.
- 내용의 이해 여부를 떠나, 말하는 이와 눈을 맞추도록 노력한다.
- 들리는 대로 무작정 받아 적는다.

첫 번째 방법은 순간 집중력을 높이는 데 도움이 된다. 수업 전에 미리 친구에게 "만일 내가 졸거나 딴생각하는 것 같으면 살짝 손을 건드려 줘." 하고 부탁해 도움을 받도록 한다. 두 번째 방법은 내용 파악이 되고 안 되고를 떠나 의도적으로 말하는 이와 눈을 맞추는 습관을 들이도록 하는 것이다. 수업 중 선생님은 아이의 눈빛을 통해 얼마나 수업을 이해하고 있는지 확인할 수 있다. 그리고 아이의 이해도에 맞춰 수업의 난이도와 완급을 조절하게 되니, 수업에 대한 집중도가 저절로 높아진다. 들리는 대로 적는 세 번째 방법은 힘들고 다소 단순 무식해 보일 수 있다. 그러나 적기 위해서라도 그 시간 동안 집중하게 되는 효과가 있다. 그리고 나중에 필기 내용을 보면서 당시에는 미처 이해하지 못했던 것을 깨닫게 되기도 한다.

물론 이런 방법을 쓴다고 당장 듣기능력이 향상되는 것은 아니다. 지속적으로 꾸준히 노력하는 것이 중요하다.

듣기 태도가 좋은 사람이
듣기능력도 뛰어나다

듣기는 단순히 음성 정보만을 받아들이는 것이 아니라, 말하는 이의 생각이나 느낌을 이해하는 것이다. 따라서 올바른 듣기 태도가 동반되지 않은 듣기는 제대로 이루어질 수 없다.

엄마 : 연기야, 엄마 외출한다.

연기 : (TV 오락 프로그램을 보며 성의 없이) 네.

엄마 : 한 9시쯤 올거야.

　　　식탁에 오므라이스 해놓았으니까 연희 오면 같이 먹어라.

연기 : 알겠어요.

엄마 : 아빠도 회사에서 늦으실 거야. 숙제하고 있어. 알았지?

연기 : 하하하하!

엄마 : 최연기! (화난 목소리)

　　　엄마 말 듣는 거야?

연기 : (그제야 엄마를 쳐다보며) 네?

엄마 : 엄마가 말하는데 듣지도 않고 TV만 보니?

　　　엄마가 뭐라고 했어?

연기 : …… 나가신다고…….

　　　연기는 무성의한 태도로 엄마 말을 듣는 둥 마는 둥 하다 결국 엄마의 화를 돋우고 말았다. 대답은 "네." "알았어요."라고 했지만 엄마의 말을 들은 것은 아니다.

　　듣기 태도는 듣기능력을 형성하는 가장 기본적인 요소이다. 예의를 갖추어 상대의 말을 듣겠다는 마음이 없는 사람은 듣고 싶은 것만 들으며 그 외의 것에는 무관심한 태도를 보인다. 그런 사람은 남의 말을 듣지도 않고 자기 말만 하는 경향도 보인다. 또 대화 내용과 관계없는 말을 불쑥 꺼내 말의 흐름을 끊곤 한다. 이런 태도나 행동은 상대를 언짢게 해 더 이상 말하고 싶지 않게 만든다. 이것은 때로 다툼의 원인이 되기도 한다.

　　듣기와 말하기는 동시에 이루어진다. 말하는 이는 말을 하면서 이와 동시에 듣는 이가 내보내는 언어적, 비언어적 메시지(표정, 행동 등)를 해석한다. 그리하여 듣는 이에 따라 적절하게 말하는 내용과 방법을 조정한다. 한편 듣는 이는 말하는 이의 메시지를 해석하면서 의식적, 무의식적으로 반응하고 말하게 된다. 즉 잘 들어야 잘 말할 수 있으며 그래야 비로소 '대화'가 성립된다. 그렇지 않은 말은 '혼잣말'에 지나지 않는다.

　　특히 토론 시 상대방의 이야기를 듣지 않고 자기 의견만 주장한다면 개선책, 타협점을 찾기는커녕 문제가 더욱 악화될 가능성이 높다. 의견의 효율적 조율을 위해서는 상대방 이야기에 경청하고 의견을 존중해 주는 자세가 중요하다.

　　선생님, 부모, 아이들로 구성된 각 집단에 "내가 하는 말에 상대방이 귀 기울여 들어 준다고 생각하는가?"라는 질문을 한 적이 있다. 답변은 한결같이 "그렇지 않다."였다. 그렇게 생각하는 이유를 다시 물었더니 "내 말 뜻을 이해하지 못한다." "어른들은 내 말은 무시하고 하고 싶은 얘기만 한다." "나만 목이 아프게 얘기했지 애는 듣지 않는다." 등의 답변이 나왔다.

아마 서로의 대답을 듣는다면 "내가 언제 안 들어 줬느냐."고 언짢아할 것이다. 듣기가 단순히 음성 정보를 받아들이는 것이 아니라 말하는 이의 생각이나 느낌까지 이해하는 것이라는 사실을 인식하지 못할 때, 서로 자기 말을 듣고 있지 않다는 불신이 생기게 된다. 더군다나 듣고도 말하는 이의 생각이나 느낌을 이해하지 못한다면 제대로 들었다고 할 수 없다. 타인의 말을 들을 때 마음의 귀를 열고 예의를 다해 들어야 한다. 그래야 비로소 제대로 된 듣기능력을 갖추었다고 할 수 있다.

내 아이의 듣기 문제를 찾아내는
19가지 질문

듣기능력을 키우기 전에 내 아이의 듣기 문제에 대해 살펴봐야 한다.

듣기를 할 때 일어날 수 있는 어려움이다.
부모와 아이가 함께 읽어 보고 체크리스트에 표시해 보자.

:: 듣기 문제 진단하기

① 얘기를 나누다 보면 멍해지고 눈에 초점이 없다.

② 교과서나 노트를 보면 낙서가 많다.

③ 상황에 관계없이 불쑥 다른 이야기를 한다.

④ 말한 지 한참 지난 후 아까 뭐라고 했냐고 되묻는다.

⑤ 아이가 말하면 사람들이 재미없어한다.

⑥ 배운 적 없는 것이 시험 문제로 출제되었다고 한다. 하지만 알고
보면 수업 중 설명한 내용이다.

⑦ TV나 영화 등을 볼 때 종종 대사를 놓쳐 옆 사람에게 물어본다.

⑧ 심부름을 시키면 몇 가지를 빼먹거나 엉뚱한 것을 사온다.

⑨ 수업 시간 중, 멍하니 있거나 딴생각을 할 때가 많다.

⑩ 분명히 말했음에도 들은 적이 없다고 우긴다.

⑪ 전달 사항을 틀리게 전한다.

⑫ 여럿이 똑같은 말을 들었는데 혼자 딴소리할 때가 있다.

⑬ 약속 장소나 시간을 잘못 들어 엉뚱한 곳에서 기다린 적이 있다.

⑭ 대충 흘려듣고 나중에 다시 물어본다.

⑮ 수업 중에 필요한 준비물을 혼자 잘못 가져 간다.

⑯ 사람들이 '사오정'이라고 부른다.

⑰ 질문을 하면 그와 관련 없는 대답을 할 때가 있다.

⑱ 지시대로 행하는 것에 어려움을 느낀다.

(예 : 안방 서랍장 첫 번째 서랍을 열어 보면 새로 산 양말이 있다. 꺼내 신어라.)

⑲ 이야기를 듣고 모두 웃고 있는데 혼자 무슨 영문인지 몰라 어리둥절할 때가 있다.

위의 항목에서 해당되는 항목이 3개 이하라면 어느 정도 듣기 능력이 갖춰진 것이다. 그렇더라도 해당되는 항목 부분의 원인을 찾아 문제를 해결해야 한다. 만일 해당하는 항목이 10개 이상이라면 선생님이나 전문가를 찾아 상담할 필요가 있다. 그대로 방치하면 학교 수업을 따라가는 데 어려움이 생길 수 있다.

2.
듣기능력을 높여 주는
8가지 전략

내 아이의 듣기능력에 문제가 있음을 확인하였지만, 어떻게 도와줘야 할지 막막하다. 앞으로 소개할 8가지 방법만 아이에게 익혀 주어도, 아이의 듣기능력은 몰라보게 향상될 것이다. 지금이라도 당장 실천해 보길 바란다.

초등 입학 전
듣기능력을 점검하라

학년이 올라갈수록 정보량은 많아지고 난이도는 올라간다. 듣기능력이 부족한 아이는 이를 따라가지 못하고 점점 뒤처지게 된다. '준비하고 듣기', '본격적 듣기', '정리하기' 효과적인 듣기 전략을 통해 듣기능력을 키워 줘야 한다.

부모라면 누구나 내 자식이 공부 잘하기를 바랄 것이다. 그래서 공부, 공부 해보지만 그 바람이 현실로 이루어지기란 여간 어려운 일이 아니다. 굳게 마음먹고 열심히 한다고 해서 공부를 잘하게 되는 것은 아니기 때문이다.

공부는 배움과 익힘의 과정이다. 배움이 우선 돼야 익히는 것이 가능하다. 그리고 배움을 위해서는 듣고 이해하는 능력이 필요하다. 학교 수업은 대부분 선생님이 내용을 설명하고 학생은 이를 듣고 이해하는 형식으로 진행된다. 따라서 초등학교 입학 전, 부모는 아이가 듣고 이해하는 능력을 갖추고 있는지 점검할 필요가 있다. 혹시라도 이 능력이 부족하다면 각별히 신경 써서 지도해야 한다. 그리고 이와 함께 '읽기능력'도 쌓을 수 있도록 도와야 한다. '읽기능력'의 향상은 '듣기능력' 향상에 직접적인 도움을 준다.

학년이 올라갈수록 수업 시간에 듣고 이해해야 하는 정보량이 많아지고 어려워진다. 초등학교 때는 그럭저럭 버텨 나가던 아이가 중학교에 들어가면서 성적이 떨어지고 학업에 흥미를 잃게 되는 것도 이런 이유이다. 하지만 듣기능력을 꾸준히 길러 온 아이는 내용이 다소 어렵더라도 끝까지 듣기를 포기하지 않는다. 그리고 듣기능력이 좋은 아이는 읽기능력도 좋아 이름만 들으면 모두가 알아주는 공부 잘하는 아이가 된다.

듣기능력이 좋은 아이는 듣기 행위에만 만족하지 않는다. 들은 내용을 제대로 이해하기 위해 말하는 이와 끊임없이 눈을 맞추고, 때때로 질문을 던지며 요점이나 주요 사항을 필기한다. 그리고 이야기 중간 등장하는 다소 어려운 내용이나 용어의 의미를 추론한다. 또 이해를 돕기 위해 자신의 경험이나 배경 지식을 총동원한다. 때때로 말하는 이에게 이해하지 못했다는 신호를 보내 다시 듣기를 시도하기도 한다. 이러한 행동들을 '듣기 전략'이라고 한다. 듣기능력이 좋은 아이는 듣기가 이뤄지는 상황에서 자유자재로 '듣기 전략'을 사용한다. 그럼 이 '듣기 전략'을 잘 사용하기 위한 방법을 알아보기로 하자.

∷ 듣기능력을 높여 주는 8가지 전략

1) 준비하고 듣기

　① 듣는 목적 확인하기

　② 배경지식 활성화하기

　③ 들어야 할 주제와 관련된 도서나 자료 읽기

　④ 예측하며 듣기

2) 본격적 듣기

　⑤ 메모하며 듣기

　⑥ 중요한 내용 파악하며 듣기

　⑦ 질문하며 듣기

3) 정리하기

　⑧ 들은 내용을 구조적으로 정리하기

무엇을 들어야
하는지 파악하는 능력을 길러 주자

초등 수업 시간은 40분이다. 이 시간 내내 집중하여 모든 내용을 기억하기란 어렵다. 이는 비단 수업만이 아니다. 모든 듣기를 할 때는 무엇을 들어야 하는지, 왜 듣기를 해야 하는지 목적을 인식하게 해야 한다.

우리는 하루 동안 많은 소리를 듣는다. 읽기는 내 의지에 따라 행동을 선택할 수 있지만, 듣기는 그렇지 않다. 귀를 막지 않는 한, 원하든 원하지 않든 수많은 소리에 노출된다. 지하철 안내 방송, TV 뉴스, 라디오에서 흘러나오는 음악, 옆 테이블에서 나누는 이야기 소리, 아침마다 준비물을 찾아 달라며 '엄마'를 부르는 소리, 누군가 다투는 소리, 옆에서 전화 받는 소리 등 소리 바다에 둘러싸여 산다고 해도 과언이 아니다.

하지만 이렇게 많은 소리들에 노출되어 있어도 우리는 이 모든 소리를 귀 기울여 듣지 않는다. 먼저 듣기 전에 자신에게 무엇이 중요한지 판단한다. 그 판단에 의해 집중해서 들을 것, 긴장을 놓고 가볍게 들을 것, 들리더라도 무시할 것, 동시에 여러 소리를 들어야 하는 것을 구분하며 듣는다.

그런데 듣기는 여러 소리에 노출되어 있는 특성상 자신의 의지와 별개로 '히어링hearing'이 '리스닝listening'[1]이 되기도 하고, 그 반대가 되기도 한다. 여기에는 소리의 크기나 자극 정도가 영향을 미치기도 하지만, 주로 감정적인 요인이 영향을 미치는 경우가 많다. 수업 중 쩌렁쩌렁 울리는 마이크 소리보다 옆에서 소곤대는 친구들의 이야기가 더 잘 들리는 것이 그 예이다.

그러나 그 수업을 반드시 들어야만 하는 뚜렷한 목적이 있다면 잠시 흩어졌던 정신을 다시 수업에 집중할 수 있다. 왜 이것을 들어야 하는지 목적을 인식해야 하는 것은 이 때문이다.

보통 강연이나 강의를 들을 때 중요한 내용을 놓치지 않기 위해 메모해 가며 듣는다. 시사 토론 프로그램을 볼 때는 토론자의 주장에 대한 타당성 여부를 판단하고, 자신의 생각과 비교해 가며 듣는다. 오락 프로그램이나 재미있는 농담 등은 부담 없이 다른 일과 병행하며 듣는다. 그런데 개중에는 "너무 재미있다. 다른 모임에 가서 꼭 얘기해야지." "나중에 까먹을지도 모르니깐 적어 놔야겠다." 하며 열심히 받아 적는 사람도 있다. 똑같은 이야기지만 다른 사람에게 얘기해 주겠다는 목적을 가진 사람은 마치 중요한 수업을 듣는 사람처럼 한마디도 놓치지 않기 위해 메모하는 것이다.

---

1) 단순히 귀에 들리는 대로 듣는 것을 hearing이라 하고 내용을 이해해 가며 주목해서 듣는 것을 listening이라 한다.

∷ 듣기 전략 1

부모가 아이에게 일일이 '무엇을 들어야 하는지 파악하며 듣도록' 지도하기란 쉽지 않다. 듣기 목적은 듣기 상황과 밀접한 관련이 있으므로, 각 듣기 상황에 맞춰 어떻게 들어야 하는지를 지도함으로써 아이가 스스로 올바른 듣기 자세를 취할 수 있도록 꾀할 수 있다.

① 수업이나 강연을 들을 때

이는 배움을 목적으로 하기 때문에, 반드시 무엇을 설명하고자 하는지 어떤 주제에 대해 가르치고 있는지에 집중하여 듣도록 지도해야 한다. 그리고 중요한 내용은 잊지 않도록 반드시 필기하고, 궁금한 것은 표시하여 질문하도록 한다.

② 들은 내용을 다른 사람에게 전달해야 할 때

이때는 말하는 이가 무엇을 전하고자 하는지 요점을 파악하며 듣게 한다. 예를 들어 선생님께서 이번에 갈 소풍에 대한 전달 사항을 알려 주신다고 하자. 이때 아이에게 소풍 장소와 날짜, 준비물처럼 가장 중요한 내용에만 집중하여 올바로 전하면 된다고 가르친다. 굳이 그 외 반별로 장기자랑은 무엇을 하는지, 버스의 자리 배치는 어떻게 하는지 등의 세세한 내용까지 집중하여 들어 전할 필요는 없는 것이다.

③ 친구의 고민을 들어 줄 때

상대의 이야기에 공감하며 들어 주고 가능하면 조언해 주는 것이 목적이다. 상대가 고민을 털어놓을 수 있도록 최대한 편안하게 해주고 절대 비난해서는 안 된다고 가르친다. 그리고 친구의 비밀은 반드시 지켜 줘야 하며, 그러한 믿음을 친구에게 주는 것이 중요하다고 알려 준다.

④ 다른 사람의 경험을 들을 때

자신에게 유익하거나 도움이 되는 정보는 기억하고 메모하도록 권한다. 사람들이 하는 경험담 중에는 단순히 재미있는 일화 같은 것도 있지만, 어떠한 정보나 교훈을 선사하는 것도 있다. 그리고 그것은 체험을 통해 얻어진 것이기 때문에 더욱 값지며 유용하다. 예를 들어 이번 여름 방학에 역사 탐방을 가고자 한다면, 먼저 사적지를 다녀온 사람에게 경험을 물어 참고할 수 있다. 그리고 이때 장소와, 차편, 입장료 등 중요하지만 잊기 쉬운 것들은 따로 적어 두거나 아예 메모를 부탁하도록 한다.

이처럼 듣기 목적을 인지하는 것은 무엇에 관심을 기울이고 어떤 자세로 들어야 하는지 판단하는 근거가 된다. 이는 보다 효율적인 듣기를 가능케 한다.

준비하고 듣기
풍부한 배경 지식을 길러 주자

평소 많은 양의 독서와 체험 등을 통해 배경 지식을 충분히 쌓아 줘야 한다. 이렇게 얻은 배경 지식은 수업을 들을 때 이해의 수단이 되며, 집중을 높여 준다.

보통 '명강사'라고 불리는 사람들이 있다. 이들은 강의를 어떻게 하기에 명강사라는 말을 들을까? 한번은 행복을 전한다는 한 강사의 강의를 들은 적이 있다. 역시나 명성대로 강의를 듣는 내내 "아, 맞아." "그래, 나도 저런 적이 있었는데." "그렇지, 그래." 하며 고개를 끄덕이고, 박수치며 무엇에 홀린 듯 집중하게 하였다. 그 강사의 특별한 강의 비법은 다른 것이 아니라, 청중이 알 만하고 겪었음직한 사건들을 예로 들어 자신의 의사를 전달하는 것임을 알 수 있었다. 만일 그 사람이 강의의 품격을 높이고 싶은 마음에 어려운 학문적 이야기를 장황하게 늘어놓았다면 많은 사람에게 인정받는 강사가 되지 못했을 것이다. 그 강의 내용이 아무리 훌륭하다고 하더라도 말이다.

사람들은 자신과 관련 있거나 마치 자신의 이야기인 듯한 내용을 들으면 관심이 증폭된다. 또 이와 관련해 다소 어려운 내용이 등장하더라도 자신과 연관 지으며 이해하려고 애쓴다. 이것이 '배경 지식'의 힘이다.

또 다른 예를 들어 보자. 한 무리의 사람들이 한창 대화를 하고 있다. 이때 자신이 잘 아는 내용일 때는 얼른 귀 기울여 무슨 내용인지를 재빨리 파악해 그 대화에 합류할 수 있다. 하지만 자신과 관계없거나 잘 모르는 대화가 오고가고 있다면 처음엔 관심을 가지려 노력하다가 어느 사이 그 무리에서 빠져나오게 된다.

배경 지식이 탄탄한 사람은 한창 진행 중인 대화에 합류하기 쉬울 뿐 아니라 이야기를 주도적으로 이끌어 간다. 내 아이가 친구들과의 대화에 끼지 못하는 것을 방지하려면, 더 나아가 대화를 주도적으로 이끌어 나가는 아이로 키우고 싶다면, 평소 많은 양의 독서와 체험 등을 통해 배경 지식을 충분히 쌓아 줘야 한다.

:: 듣기전략 2

배경 지식은 글을 읽을 때도 아주 중요한 역할을 한다. 배경 지식의 유무에 따라 선호하는 책의 종류가 달라지며, 읽기능력에도 확연히 차이가 난다.

단 글을 읽을 때는 배경 지식이 부족해 이해하기 어렵다면 잠시 멈추고 그와 관련된 좀 더 쉬운 책을 읽거나 설명을 찾아보면 된다. 하지만 듣기는 듣는 순간 바로 배경 지식과 연관 지어 해석하고 이해해야 한다. 듣기는 읽기에 비해 배경 지식의 정도가 이해능력에 더 많은 영향을 미치는 것이다. 따라서 듣기 전에 충분히 들을 내용과 관련한 배경 지식을 확보하고 활성화할 수 있도록 도와줘야 한다.

이를 위해 많은 책을 읽히거나 다양한 체험을 할 수 있도록 유도해 주는 것이 좋다. 이 외에도 신문이나 뉴스를 보게 하는 것도 좋은데, 이와 관련해서는 5장 〈'뉴스 듣기'로 배경 지식과 사고력을 높여라〉에서 보다 자세히 확인할 수 있다.

준비하고 듣기

듣기 주제와
관련된 도서나 자료를 읽혀라

사전에 아무런 정보와 지식도 갖고 있지 않은 내용은 어른조차 듣고 이해하기 힘들다. 수업 전 미리 교과서를 준비하고 읽어 보는 습관을 통해 수업에 대한 이해도를 높일 수 있다.

아이들 입장에서 처음 듣는 어려운 수업 내용은 마치 전혀 알아들을 수 없는 외국어와 다를 바 없을 것이다. 외국인들이 대화하고 있는 장면을 떠올려 보자. 그들의 대화 소리가 분명히 들리지만, 그렇다고 그 사람들의 대화를 듣고 있는 것은 아니다. 그 의미를 전혀 알지 못하고 단순히 소리만 듣고 있는 것이기 때문이다. 수업도 마찬가지이다. 낯설고 어려운 수업은 듣고 있어도 듣지 않는 것과 똑같다.

하지만 외국인의 대화에서 간간이 내가 아는 말들이 들려오면 그때부터 '저 사람들이 무슨 말을 하는 거지?' 하는 궁금증이 생긴다. 그리고 귀 기울여 그들의 대화를 듣게 된다.

이와 마찬가지로 다음 수업 내용을 미리 예습하거나 교과서의 제목, 그림만이라도 대충 훑어본다면 상황은 달라진다. 아무리 외계어 같은 수업이라도 사이사이 아는 내용이 등장하게 되면 이해도가 높아진다. 중요한 내용이 무엇인지 쉽게 파악할 수 있고, 선생님의 설명이 교과서에 있는 것인지 아닌지 알 수 있어 필기하며 듣기에 효과적이다. 또한 내가 아는 것인지 모르는 것인지 점검할 수 있어 적절히 질문하여 깊이 있게 이해할 수도 있다.

즉, 수업 시간 전 미리 교과서를 준비하고 읽어 보는 습관은 똑같은 수업이라도 더 많은 정보를 파악하고 받아들이도록 한다.

: : 듣기전략 3

– '하루 5분' 아이와 내일 배울 과목의 교과서를 함께 살펴본다.

예를 들어 아이가 내일 과학 수업을 듣는다면, 잠깐 짬을 내어 그림이나 제목만이라도 아이와 함께 교과서를 살펴보자.

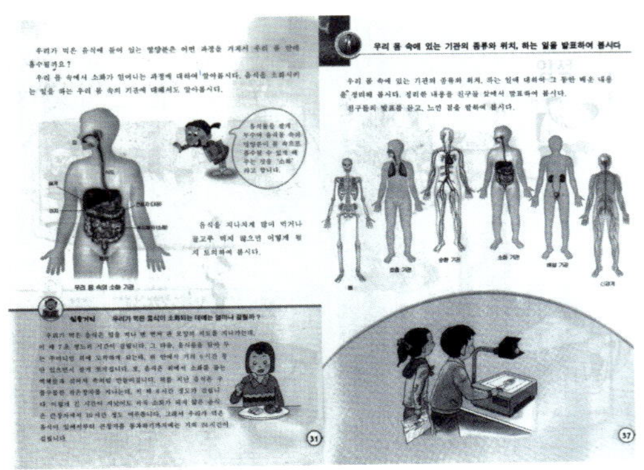

과학 6–1 31, 37쪽

앞의 그림은 초등 6학년 과학 교과서의 한 부분이다. 교과서의 제목과 그림을 살펴보며 앞으로 무엇을 배울 것 같은지 물어보자. 아이는 교과서에 사람의 인체 모양과 장기들이 그려져 있는 것으로 보아 우리 몸에 대해 배우게 될 것을 짐작할 수 있다.

또한 31쪽 소화 과정에 대한 그림, 37쪽 우리 몸 기관에 대한 그림을 보며 무슨 생각이 드는지 물어보자. 아이는 전에 소화가 안 돼 고생했던 경험을 떠올리거나 몸 여기저기를 만져 보면서 호기심을 가지게 된다. 이를 통해 소화 기관과 우리 몸속 장기에 대해 잠깐이라도 생각해 보는 시간을 가진 후 수업에 임하게 된다.

수업을 듣기 전에 교과서를 대충이라도 훑어보도록 권해야 한다. 처음에는 부모가 옆에서 도와줘야 하지만, 이것이 습관이 되면 스스로 할 수 있다.

준비하고 듣기

내용을 미리 예측해 보게 하라

교과서에 나와 있는 그림이나 제목 등을 통해 앞으로 배울 내용에 대해 예측해 보도록 한다. 자신의 예측과 실제 수업을 비교해 가며 듣는 사이 수업에 재미를 느끼고, 심도 있는 이해가 가능하다.

듣기능력이 뛰어난 사람은 앞으로 듣게 될 내용을 예측하면서 듣는다. 예측한 내용과 실제 내용이 일치하는지 듣는 내내 확인한다. 이를 통해 보다 심도 있는 이해를 꾀하는 것이다.

예측하며 들을 때는 미리 제시된 제목이나 유인물, 그림 등을 단서로 삼는다. 특히 아이들은 그림에 대한 흥미가 높기 때문에 그림을 통해 앞으로 들을 내용에 대한 관심과 호기심을 불러일으키면 수준 높은 듣기를 할 수 있다. 또한 듣기 전에 주제에 대해 알려 주는 그림을 보게 되면 배경 지식이 활성화되어 미리 내용을 예측하고 결과를 추론할 수 있다.

특히 줄거리가 있는 이야기나 경험담을 들을 때, 미리 이와 관계된 그림을 보게 되면 더욱 효과적이다. 자신이 이미 알고 있는 이야기나 경험 그리고 그림 정보를 바탕으로 전체적인 상황을 이해하고 다음 전개까지 예측할 수 있다. 이러한 장점 때문에 학교의 듣기 교육은 그림 단서를 미리 보여 주고 예측하게 한 후 이야기를 들려주는 방식을 취하고 있다.

예측하며 듣기의 또 다른 방법으로 듣기 전에 말하는 이에 대한 정보를 확인해 두는 것도 좋다. 그 사람에 대한 관심이 높아져 그 사람이 무슨 말을 하는지 그리고 무엇이 궁금한지 관심을 증폭시키고 미리 궁금한 것들을 준비해 들을 수 있어 적극적으로 듣기에 임할 수 있다.

∷ 듣기 전략 4

다음은 그림을 보고 예측한 뒤 이야기를 듣는 과정이다.

① 예측하기

이 그림(듣기·말하기 2-1 20쪽)은 지금부터 들려줄 이야기의 핵심 내용을 그림으로 나타낸 것이다. 그림을 보면서 무슨 내용인지 예측해 보자.

그림	추측 내용
	눈을 감은 친구가 친구를 업고 가다 가 주머니에 걸려 넘어졌어요.
	눈이 안 보이는 친구는 이게 무슨 일인가 앞을 휘휘 저었지만 알 수 없었어요. 업혀 있던 친구는 넘어지는 바람에, 땅바닥에 주저앉아 있어요. 그리고 눈앞에 놓인 주머니가 도대체 뭘까 궁금해했어요.
	앞을 못 보는 친구는 아까 발에 걸린 게 목탁인가 반지인가? 하고 생각했어요. 주머니를 열어 본 다른 친구는 아주 좋아했어요. 아마 돈이 들어 있는 것 같아요.
	친구는 앞이 안 보이는 친구에게 주머니에 돈이 들어 있다고 말했어요. 그리고 귀에다 대고 주머니를 흔들어 소리를 들려주었어요.

② 들려주는 이야기 듣기

그림을 보면서 예측한 것이 맞는지 확인하면서 이야기를 들어보자.

사이좋은 친구

옛날 어느 마을에 앞을 못 보는 이 서방과 다리가 불편한 김 서방이 살았습니다. 이 서방과 김 서방은 어릴 때부터 친한 친구였습니다. 서로의 불편함을 잘 알고 있었던 터라 이 서방은 다리가 불편한 김 서방을 업고 다녔고 김 서방은 앞을 못 보는 이 서방의 눈이 되어 주곤 했습니다.

어느 날, 이 서방이 김 서방을 업고 장터에 갔다가 돌아오는 길이었습니다. 도란도란 이야기를 나누며 오다가 이 서방이 그만 무엇인가에 툭 하고 걸려 넘어지자 업혀 있던 김 서방도 함께 넘어지고 말았습니다.

"어이쿠!"

"어이쿠! 아야!"

김 서방이 이 서방에게 말했습니다.

"여보게 친구, 앞에 뭐가 있는지 내가 잘 못 봤네 그려. 미안하네."

"아닐세, 김 서방. 그런데 어디 다치진 않았는가?"

앞을 못 보는 이 서방이 손을 이리저리 흔들면서 말했습니다.

김 서방은 미소를 지으며 말했습니다.

"다치진 않았네."

마침 이때, 땅바닥에 앉아 있던 김 서방이 하얀색 보따리 하나를 보았습니다.

"어, 이게 뭐지?"

"도대체 무엇인데 그러는가?"

김 서방은 아무 말도 하지 않은 채 보따리 속 물건을 만져 보고 씩 웃으며 이 서방에게 말했습니다.

"하하, 여보게, 우리 오늘 참 운도 좋네 그려. 내가 말해 줄 테니 잘 듣고 무엇인지 맞혀 보게나."

김 서방은 큰 목소리로 이 서방에게 보따리 속에 있는 물건을 설명하였습니다.

"이것의 모양은 둥글고 가운데 구멍이 있다네. 자, 어디 한번 만져 보게나."

김 서방의 말을 듣고 이 서방은 보따리 안의 물건을 만지작거리며 말했습니다.

"잘 모르겠는걸!"

그러자 김 서방이 다시 말하였습니다.

"아직 잘 모르겠는가? 이 물건으로 우리 아이들을 배불리 먹일 곡식을 살 수 있다네 그려."

이 서방은 놀라서 눈이 휘둥그레지며 물었습니다.

"그래? 그게 참말인가? 이보게 친구, 이 물건이 도대체 뭐란 말인가? 난 앞을 볼 수 없으니 무엇인지 통 모르겠네 그려."

이 서방이 답답해하자 김 서방은 씩 웃으며 보따리째로 흔들며 말했습니다.

"이 서방, 이 소리를 한번 들어 보게. 그러면 자네도 당장 이 물건이 무엇인지 알 수 있을 걸세. 이렇게 짤랑짤랑하는 소리가 나는 이 물건이 무엇이겠는가?"

그러자 이 서방은 무릎을 탁 치며 말했습니다.

"아하! 옳거니!"

③ 예측한 내용과 비교하기

그림을 보고 예측한 내용과 실제 내용 중 다른 것이 있다면 어떻게 다른지 비교해 보자.

예측한 내용	실제 내용
– 눈을 감은 친구가 친구를 업고 가고 있다.	– 앞을 못 보는 친구가 다리 불편한 친구를 업고 간다. 서로 다리가 되어 주고, 눈이 되어 주고 있다.
– 눈이 안 보이는 친구는 이게 무슨 일인가 앞을 휘휘 저었다.	– 친구가 다친 것이 아닌가 걱정되어 손을 이리저리 흔들었다.
– 친구는 눈이 안 보이는 친구에게 주머니 속에 돈이 들어 있는 것을 알려 주고 소리를 들려줬다.	– 돈이 들어 있다는 것을 알려 주지 않고 수수께끼처럼 말하다가 소리를 들려줬다.

④ **왜 그렇게 예측했는지 생각해 보기**

자신이 그림을 보고 왜 그렇게 생각했는지 점검해 보는 시간을 갖자. 이렇게 그림 단서를 이용해 미리 예측하고 들으면 관심이 높아져 적극적으로 이야기를 듣게 된다. 특히 미리 그림을 보고 '이야기 꾸미기'를 해보는 사이 이야기 구성 능력이 생겨 글쓰기 실력도 향상된다.

본격적 듣기

필기하며 듣는 습관을 들여라

수업 중에 놓친 말은 다시 되돌아가 들을 수 없다. 초등 3학년 때부터 '필기하며 듣기'를 익혀 자유롭게 구사할 수 있도록 해야 한다. 필기를 통해 이해력과 기억력을 높일 수 있다.

우리는 일상 언어생활에서 듣기 활동을 가장 많이 한다. 그런데 들은 내용을 모두 기억할 수는 없다. 글을 읽을 때에는 앞의 내용이 잘 생각나지 않거나 이해되지 않을 경우, 언제라도 앞으로 되돌아가서 다시 읽을 수 있다. 그러나 말은 하는 순간 사라져 버리기 때문에 잠시라도 방심하면 그 내용을 이해할 수 없게 된다. 그렇기 때문에 내용을 메모하거나 정리하며 들어야 한다.

다음은 메모하며 듣기의 힘을 알아보는 실험이다.

[과제]

잉어와 붕어는 어떤 차이가 있는지 생각하며 다음 듣기 자료를 들어 보자.

[듣기 자료]

대표적인 민물고기인 잉어와 붕어는 생김새는 비슷하지만 자세히 보면 다른 점이 있다. 붕어는 수염이 없지만 잉어는 수염이 있다. 또한 붕어는 옆으로 납작하게 생겼고 잉어는 붕어보다 둥글게 생겼다. 그리고 등지느러미 모양에도 차이가 있다. 붕어는 별 특징 없는 긴 등지느러미를 가졌고, 잉어는 길며 앞부분이 두드러지게 높이 솟아 있는 등지느러미를 가졌다. 어린 잉어는 수염이 없어 구별이 어렵지만 등지느러미의 특징으로 붕어와 구분할 수 있다. 몸 빛깔도 달라서 잉어는 붕어보다 어둡다.

[듣기 후]

아래 자료를 비교해 보자.

＊희철이의 필기

붕어, 잉어
수염 붕어 없다, 잉어 있다.
납작 잉어? 붕어
새끼 잉어 수염 없다.
잉어 어둡다.

듣고 기억나는 내용을 적은 것

＊기찬이의 필기

	붕어	잉어
수염	X	O
	옆으로 납작	둥글다
등지느러미	특징 X	길고 앞부분?
		어린 잉어 수염 X 등지느러미 구별
몸 빛깔		어둡다

들으며 필기한 것

필기 후 그림으로 정리한 것

하나는 듣기 자료를 들은 후 기억나는 내용을 적은 것이고, 또 하나는 메모하며 들은 후, 메모한 것을 그림으로 그려가며 정리한 것이다. 희철이가 기억해 적은 내용을 보면 내용이 정확하지 않고 빠진 부분이 있다. 반면에 기찬이가 메모한 것을 보면 빠진 부분이 거의 없고 내용이 정확하다. 물론 메모한 내용 중 일부는 듣다가 놓쳐 확실치 않은 것도 있다. 그러나 완전히 기억에 의존한 희철이보다 정확하고, 들은 후 다시 그림으로 정보를 정리하는 과정에서 들은 내용을 확실히 자기 것으로 만들었다는 것을 알 수 있다. 그리고 메모할 때 표를 이용한 것만 보아도 기찬이는 '잉어와 붕어의 차이에 유의하며 들어라.'는 안내를 듣고 어떻게 메모할지 전략을 세우고 듣기에 임했음을 짐작할 수 있다. 이것만 보더라도 메모하며 듣기가 왜 중요한지 알 수 있다.

친구와 대화를 나눌 때, 수업을 들을 때, 부모님 말씀을 들을 때 등 말하는 사람을 보면서도 머릿속으로 딴생각을 할 때가 있다. 또한 뭔가 듣기는 했는데 전혀 기억나지 않거나, 정리가 되지 않아 곤란했던 적이 있을 것이다. 이것을 해결하기 위한 좋은 방법은 바로 메모하며 듣는 것이다.

메모하며 듣는 것이 내용 이해를 높여 기억력을 높여 준다는 것을 잘 알지만, 행동으로 옮기기란 쉽지 않다. 막상 메모하려고 하면 무엇을 적어야 하는지 모르겠다. 또 메모에 열중하다 보니 정작 중요한 말은 놓치기 일쑤이다. 어른도 메모하며 듣는 것이 쉽지 않은데 하물며 아이들은 얼마나 어렵겠는가?

교과서에서는 이미 초등학교 3학년 때부터 필기하며 듣는 것을 가르치고는 있다. 하지만 초등학교 아이 중 수업 시간에 선생님 설명을 필기하며 듣는 아이는 드물다. 그것은 실상 필기를 많이 강조하지 않는 까닭도 있지만 그만큼 귀찮고 어렵기 때문이다.

사실 초등학교 선생님들은 어린 학생들임을 감안해 필기하기 쉽도록 친절하게 속도를 조절하거나 칠판에 직접 중요한 것을 적어 준다. 요즘은 컴퓨터를 이용한 수업이 일반화되어 직접 화면에 중요한 내용을 띄워 주니 서둘러 필기하지 않아도 된다. 하지만 학년이 올라감에 따라 그러한 배려는 기대할 수 없다. 그러니 적어도 초등 3학년 때부터는 필기하며 듣는 습관을 들이고 연습해야 한다.

∷ 듣기전략 5

1) 수준별 메모하며 듣기

초보적인 메모법부터 잘 훈련된 메모법까지 단계별로 차근차근 연습할 수 있는 방법을 알아보자.

옛날 어느 마을에 두 아들을 둔 어머니가 살고 있었다. 큰아들은 나막신 장사를 하고 작은아들은 부채 장사를 했다.

며칠 동안 이 마을에는 계속 비가 내렸다. 이윽고 비가 그치고 날이 개자 사람들이 "오랜만에 날이 개니 살 것 같네요." 하며 인사를 건넸다. 그러자 어머니는 "웬걸요. 화창하니 나막신 장사하는 큰아들이 걱정이네요. 나막신이 안 팔릴 테니 어쩌면 좋아요." 하고 한숨을 푹 쉬었다.

며칠 후 비가 내리자 사람들이 인사를 건네며 이렇게 말했다. "그렇게 푹푹 찌더니 비가 오니 시원해서 좋지요?" 그러자 어머니는 "그런 소리 말아요. 우리 작은아들이 부채 장사를 하는데 날이 이렇게 선선하니 누가 부채를 사겠어요." 하고 또 한숨을 쉬었다.

날이 궂어도 걱정, 날이 개어도 걱정. 늘 걱정이 그치지 않는 두 아들의 어머니가 안쓰러운 나머지 이웃집 아주머니가 이렇게 말했다.

"좋은 생각이 있어요. 이렇게 하면 걱정하지 않아도 될 거예요. 비가 오면 큰아들 나막신이 잘 팔려 참 좋다고 생각하고, 날이 개면 작은아들의 부채 장사가 잘 되겠구나 생각해 보세요."

그 어머니가 들어 보니 과연 아주 좋은 생각인 것 같았다. 그날 이후로 두 아들의 어머니는 걱정 없이 늘 웃으며 살았다.

① 간단한 내용만 메모하기

들으면서 간단히 개괄적으로 메모하는 방법이다. 초보적인 메모 단계로 체계적이지 않아도 좋으니 들리는 대로 적어 보자. 세부 내용을 자세히 알 수 없고, 메모한 것을 통해 내용을 다시 떠올리기 어렵다는 단점이 있다. 하지만 메모했다는 것에 의의가 있다.

두 아들 어머니 큰 아들 나막신 작은 아들
부채 장사 비 걱정 나막신 작은 아들 장사 안돼
걱정 좋은 생각 비 나막신 복귀

② 내용의 전부를 기록하여 메모하기

전반적인 내용을 모두 메모하는 방법이다. 보조 기억 수단으로는 유익하지만 메모하는 속도가 말하는 속도를 따라가지 못해 쉽게 지친다. 또한 일부 내용은 통째로 빠트릴 염려가 있다.

③ 그림 등의 기호를 사용하여 메모하기

가장 많이 나오는 단어나 내용을 일정한 기호나 그림 등으로 이미지화하여 메모하는 방법이다. 내용 전부를 메모하는 것에 비해 효율적이다. 다소 '스킬'이 필요하여 메모하며 듣기에 익숙해진 후에 가능하다.

④ 맵핑mapping을 이용하여 메모하기

들으면서 바로바로 내용을 재조직하여 한눈에 전체 내용이 들어오게 메모하는 방법이다. 상당한 스킬과 요령을 필요로 하는 메모법으로 듣는 내용에 대한 배경 지식이 충분하고 맵핑에 익숙해야 가능하다.

〈근심〉 ➡ 〈기쁨〉

비	작은아들 부채
맑음	큰아들 나막신

비	큰아들 나막신
맑음	작은아들 부채

2) 듣는 내용에 따라 메모하며 듣기

① 육하원칙에 따라 메모하기

우리 주변의 일상 사건이나 어떤 사건에 대한 이야기를 들을 때

② 시간 순서나 공간의 이동 순서에 따라 메모하기

옛날이야기나 여행 다녀온 이야기를 들을 때

③ 사용 과정이나 제작 과정에 따라 메모하기

어떤 물건의 사용법이나 제작법을 들을 때

④ 화제별로 메모하기

내용이 여러 갈래로 나뉘는 이야기를 들을 때

본격적 듣기

요점을 파악하며 듣게 하라

무엇이 중요한지 판단하며 듣기는 요점만 뽑아 들을 수 있는 능력을 키워 준다.

중요한 내용을 추려 가며 읽는 것이 올바른 읽기 방법이다. 이와 마찬가지로 듣기 역시 말하는 이의 의도를 파악하여 요점만 뽑아서 들을 수 있어야 한다. 하지만 핵심 내용을 추리며 읽고 듣는다는 것이 쉬운 일이 아니다. 특히 앞에서도 몇 번이나 강조했지만 읽기는 몇 번이고 다시 읽어 중심 내용을 찾을 수 있다. 하지만 듣기는 제대로 듣지 못했다 해도 다시 들을 수 없기 때문에 긴장하고 집중해야만 한다.

: : 듣기능력 6

이야기를 들으면서 요점을 파악하기란 쉽지 않다. 다음 3가지를 아이에게 명심시킨 후 듣기를 행해 보자. 아이가 보다 쉽게 요점을 파악하며 듣게 될 것이다.

① 끊임없이 이야기의 주제를 확인하며 듣는다.

요점 파악하며 듣기의 성공 여부는 듣기 자세에 따라 결정된다. 요점을 파악하기 위해서는 우선 말하는 이의 의중을 먼저 파악하고 있어야 한다.

보통 사람들은 서두에 내가 무엇을 어떤 방법으로 말할지 미리 밝힌다. 따라서 강연 제목, 말하는 이가 밝히는 말하기 순서는 반드시 메모해야 한다. 수업처럼 교재가 있는 경우, 말하는 이의 설명 없이도 교과서의 목차와 학습 목표를 확인함으로써 설명하는 사람의 의도를 파악할 수 있다.

그런데 한참 듣고 있다 보면 종종 말하는 이가 무슨 의도로 이 이야기를 하고 있는지 잊곤 한다. 이때마다 메모해 둔 제목이나 교재의 목차, 목표 등을 점검하면 말하는 이의 의도를 놓치지 않고 잘 들을 수 있다.

② 말하는 이의 행동을 유심히 관찰한다.

말하는 이는 자신의 생각을 타인에게 전달하기 위해 최대한 노력한다. 특히 무언가를 설명하거나 자신의 의견을 펼칠 때 중요한 부분은 듣는 이가 눈치 챌 수 있도록 강조한다. 이를테면 여러 번 반복해서 말한다거나, 억양을 높이기도 하고, 손을 꽉 쥐거나 눈을 크게 뜨는 등 특별한 몸짓을 하기도 한다. 판서를 할 경우 밑줄을

굿거나 다른 색 펜을 이용해 강조하기도 한다.

듣기능력이 뛰어난 사람은 상대가 주는 단서를 놓치지 않고 별표나 큰 글씨, 색연필로 표시를 해놓는다. 그래서 잠깐 앞의 말을 놓쳤더라도 지금까지의 내용과 상대가 주는 단서를 이용해 이야기의 중점과 목적을 파악할 수 있다.

반면 듣기능력이 부족한 사람은 열심히 들었다고 생각하지만 자신이 띄엄띄엄 이해한 부분을 종합하여 전체적인 내용을 짐작하지 못한다. 또한 한 부분에 집중하여 전체 내용을 이해하지 못하는 경우가 대부분이다. 그러니 말하는 이가 아무리 중요하다고 강조해도 이를 눈치 채지 못한다. 그리고 말하는 이의 의도와 관계없는 내용을 중요하다고 착각한다.

③ 사례를 들어 설명하는 것은 중요한 내용이다.

만약 당신이 누군가에게 어떤 내용을 전달하려고 한다. 그런데 그 상대가 당신의 이야기를 잘 이해하지 못한다면, 어떻게 하겠는가? 대부분의 경우 듣는 이가 받아들이기 쉽도록 재미있고 알기 쉬운 사례를 들어 이해를 돕고자 할 것이다.

누군가 몇 가지의 사례를 들어가며 설명한다면, 그것은 분명 말하는 이가 전달하고자 하는 핵심 내용이다. 따라서 이야기 도중 사례가 등장한다면 유심히 들어야 한다.

궁금한 것은
바로 질문하며 듣게 하라

질문을 함으로써 몰랐던 것을 깨닫게 되고 보다 정확하게 이해하게 된다.

여러 사람 앞에서 발표를 하든, 일대일로 이야기를 나누든 누군가 나의 이야기를 듣고 질문을 한다면, '아, 저 사람이 내 말을 아주 열심히 듣고 있구나.'란 생각에 더욱 열변을 토하게 된다. 질문하는 행위는 상대에게 '당신 이야기가 상당히 흥미로워요.' '관심을 쏟고 있어요.'라는 메시지를 전달한다. 이는 말하는 이에게 긍정적인 자극이 되어 더 많은 이야기를 하게 한다.

만약 열과 성을 다해 강의했는데 질문이 없다면 상대에게 내용이 제대로 전달되지 않은 느낌을 받게 된다. 또한 듣는 이의 관심을 끌지 못한 것 같은 찜찜한 기분이 든다.

듣기 행위는 수동적이다. 하지만 질문을 통해 능동적인 형태로 바뀌며 상호작용을 일으킨다. 이로 인해 적절한 질문은 몰랐던 것을 깨닫는 기회가 되며 보다 정확하게 내용을 파악하는 계기가 된다.

::듣기 전략 7

1) 궁금한 것은 바로 질문한다.

궁금한 것이 있다면 나중으로 미루지 말고 바로 물어보도록 하자. 다음은 선거에 대해 배우고 있는 6학년 교실의 수업 장면이다. 학생은 이처럼 수업 중 방해되지 않는 범위 내에서는 궁금한 것이 있다면 바로 질문하는 것이 좋다.

[수업 내용]

선생님 : 국민이 정치에 참여하는 방법은 여러 가지가 있단다. 그중 선거는 직접적으로 자신의 의사를 표현하는 대표적인 방법이지. 선거를 할 때는 중요한 원칙이 있는데 그걸 선거의 4대 원칙이라고 해. 첫째는 보통선거인데 우리나라 국민이 만 20세가 되면 누구에게나 투표권을 주는 거야. 둘째는 비밀선거, 이건 내가 누구에게 투표했는지 모르게 하는 거지.

학　생 : 선생님, 그런데 TV 보면 무슨 조산가 해서 투표 후 누가 몇 표 얻을지 예상 결과를 발표하잖아요. 그건 어떻게 알아요?

선생님 : 야, 그거 아주 좋은 질문이구나. 그건 출구 조사라고 하는데 투표한 후에 조사하는 것이 합법화된지 오래되었단다. 투표장 300m 밖에서만 할 수 있지.

2) 언제 어떻게 질문해야 좋을까?

질문하며 듣기가 좋다고 해서 무턱대고 상대의 이야기를 끊고 아무거나 질문해서는 안 된다. 질문하는 것에도 요령이 있으며, 적절한 기준이 있는 것이다. 아이에게 적절한 질문 상황과 방법을 알려 주어 효과적으로 질문하며 들을 수 있도록 하자.

① 듣는 내용을 제대로 이해하지 못했을 때
(예: ~ 부분은 잘 모르겠는데 다시 설명해 주시겠어요?)
② 내가 알고 있던 것과 들은 내용이 다를 때
③ 내용 이해상 꼭 필요한 부분인데 듣기를 놓쳤을 때
④ 듣는 내용과 관련해서 평소 궁금했던 것이 있을 때
⑤ 내가 맞게 이해하고 있는지 궁금할 때
(예 : 저는 ~ 라고 이해했는데, 맞나요?)

단, 질문할 때는 최대한 예의를 다해 한 번에 하나씩, 주제 내에서 해야 함을 강조한다. 이미 한 얘기를 되묻거나 말의 흐름을 끊지 않도록 유의해야 하며, 그러지 않을 시 불쾌감을 줄 수 있다는 것을 알려 줘야 한다.

정리하기
필기 내용을 구조적으로 정리하게 하라

수업 중 필기한 것은 최대한 빠른 시일 내에 수업 내용을 바탕으로 다시 구조적으로 정리해야 한다.

한번 흘러가 버린 내용은 다시 들을 수 없다. 메모하며 듣기는 이를 예방하는 훌륭한 보완책이다. 그런데 여기에는 몇 가지 어려움이 있다. 우선 말하기와 쓰기의 속도 차이이다. 또 들으면서 바로 이해하여 요점만 추려, 구조적으로[1] 정리하기란 어렵다. 아무리 열심히 수업 시간에 필기하며 들었다고 해도, 시간이 흐른 후 다시 그 필기를 보며 이해하기가 어려운 것도 이 때문이다. 그리고 학생들이 하는 다음의 실수는 애써 한 필기를 무용지물로 만들곤 한다.

---

1) 구조적 정리란 메모한 내용이 어지럽지 않고 한눈에 들어오도록 표, 생각 그물 등의 형태로 정리하는 것을 말한다.

- 수업 중 선생님의 말을 전부 받아 적다가 결국 뒷부분의 내용을 적지 못한다.
- 너무 간략하게 적어서 무슨 내용인지 알아볼 수가 없다.
- 잘 모르는 내용은 적지 않고 그냥 넘어간다.
- 사소한 것들만 필기하여 중요한 사항은 기억에 의존해야만 한다.
- 세부 내용은 이해했으나 전체 내용을 파악하지 못한다.

이를 방지하기 위해서는 듣는 중 최대한 자세히 필기해야 한다. 또한 듣기가 끝나면 최대한 빨리 필기 내용을 정리하여 구조화해야 한다. 그래야 들은 내용을 잊지 않고 필기를 바탕으로 자신의 말로 쉽게 재정리할 수 있다.

: : 듣기전략 8

아무리 잘 들었다 해도, 무엇을 들었는지 나중에 기억해 내거나 알 수가 없다면 아무 소용없다. 따라서 수업이나 강의를 들으면서 필기한 내용을 구조적으로 정리해 봄으로써 성공적으로 듣기를 마쳤다고 할 수 있다.

① 필기를 같은 주제끼리 묶는다.

수업이 끝난 후 아이로 하여금 자신이 한 필기를 보게 하자. 그리고 필기 내용을 '내용 정의, 장단점, 해결책' 등의 주제로 묶을 수 있는 것을 체크하게 한다.

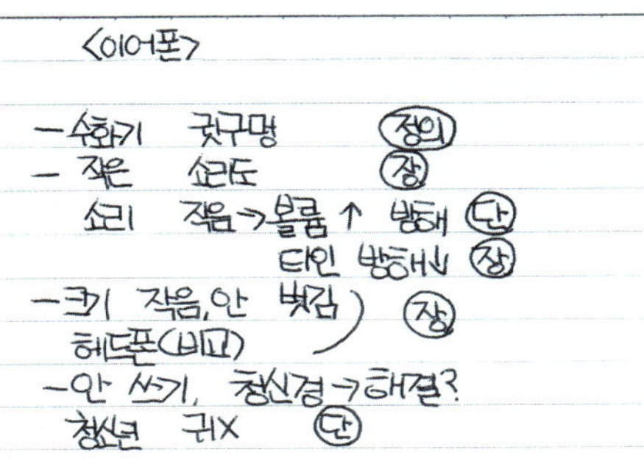

② ①의 과정을 통해 필기를 분류한 후 다시 정리한다.

③ 앞에서 정리한 내용을 바탕으로 표를 만든다.

정리한 내용을 표로 만들어 보자. 이는 상당히 수준 높은 필기 단계로, 연습이 필요하다. 특히 주제나 내용에 대해 미리 인지한 후 수업을 들으며 선생님의 설명을 간략하게 필기한다. 그리고 이를 쉬는 시간에 구조적으로 정리하면 그 효과는 극대화된다.

〈이어폰〉

〈원리〉	〈편리성〉
소리를 구멍에 맞출 수 있는 형태로 제작	-작은 소리 잘 전달 -타인에게 피해주지 않음 -벗겨질 염려 없음 -휴대하기 편함
〈문제점〉	〈해결방법〉
-청각 장애의 원인	-가능한 사용하지 않기 -볼륨 줄이기 -사용 후 귀를 쉬게 해줌

*앞 그림 자료들에는 일부 국어 맞춤법에 어긋나 있는 부분들이 있으나, 아이의 생생한 메모를 전달하고자 그대로 사용하였다.

3장

듣기능력이 전 과목 성적을 좌우한다

–과목마다 필요한 듣기능력을 익혀 성적을 올려라

1. 듣기능력만 키워도 전 과목 성적이 올라간다

수업만 잘 들어도 최소한의 노력으로 성적을 올릴 수 있다

수업을 듣는 데도 순서가 있다

2. 과목마다 수업 듣는 방법이 따로 있다

국어(듣기) 수업 이렇게 들어라

사회 수업 이렇게 들어라

과학 수업 이렇게 들어라

1.
듣기능력만 키워도
전 과목 성적이 올라간다

수업만 잘 들어도 성적은 올라간다. 이때 잘 듣는다는 것은 단지 친구와 잡담을 나누거나 딴짓하지 않고 듣는다는 것이 아니다. 수업의 흐름을 파악하고 올바른 수업 자세를 인지하여 이에 유의하며 들어야 잘 들었다고 할 수 있다. 이를 통해 수업 내용을 200% 이해하고 받아들일 수 있는 것이다.

수업만 잘 들어도 최소한의 노력으로 성적을 올릴 수 있다

수업을 보다 잘 듣기 위해서는 수업 진행 과정, 즉 어떤 의도와 방식으로 수업이 진행되는지 알 필요가 있다.

최소한의 노력으로 좋은 성적을 받는 가장 좋은 방법은 수업 시간에 집중해 잘 듣는 것이다. 선생님은 다년간의 경험과 전문 지식을 바탕으로 어떻게 하면 학생들이 잘 알아듣는지 누구보다 잘 알고 있다. 그래서 학생들의 수준에 맞춰 쉽게 풀어서 가르친다. 게다가 자신이 가르친 범위 내에서 시험 문제를 출제하며 시험에 나올 만한 주요 내용은 암암리에 '중요하다.'고 강조하기도 한다.

어느 날 내가 가르치는 아이들이 "선생님, 다음 주에 중간고사예요."라고 말했다. 그래서 "공부는 많이 했니?" 하고 물었더니 한 아이가 "전 별로 공부 안 해요. 그냥 수업 시간에 잘 들어요. 그럼 시험 볼 때 저절로 기억나요." 하고 말했다. "그래? 바로 그거야.

정말 좋은 방법이다. 공부 시간에 딴짓해 놓고 나중에 10시간 공부하는 것보다 수업 시간 동안 잘 듣는 것이 훨씬 효과적이지.” 하고 말했던 적이 있다.

물론 이렇게 말한 아이의 머리가 유독 좋은 것일 수도 있다. 그래서 수업 시간에 한 번 듣고도 기억해 시험을 잘 보는 것일지도 모른다. 그렇다손 치더라도 그 아이의 말에는 부정할 수 없는 진리가 숨겨 있다. 앞에서 선생님은 수업 중 아이들의 이해를 돕기 위해 아주 쉽게 설명해 준다고 하였다. 그렇기 때문에 수업 시간에 집중하였다면, 쉬는 시간에 잠깐 되짚어 보는 것만으로도 수업 내용을 완전히 이해할 수 있다. 하지만 설명을 제대로 듣지 않고 나중에 혼자 책을 보고 이해하려면 몇 배의 노력과 시간이 요구된다. 공부 효율이 그만큼 떨어지는 것이다.

어차피 수업 시간에는 교실에 꼼짝없이 앉아 있어야 한다. 그렇다면 어영부영 시간을 보내기보다 집중하고 들어 그 시간 동안 수업 내용을 최대한 이해하는 것이 효과적인 시간 활용법일 것이다.

그렇다면 수업을 보다 알차고 효과적으로 듣는 방법은 무엇일까?

수업을 잘 듣기 위해서는 수업의 진행 과정에 유의해야 한다. 즉 어떤 의도와 방식으로 수업이 진행되는지 알 필요가 있다. 보통 수업은 다음과 같은 순서에 따라 진행된다.

:: 수업 진행 방식

문제 확인하기 → 자료 탐색하기 → 지식 발견하기 → 지식 적용하기

① 문제 확인하기

전 시간에 공부한 내용을 상기시키며 이번 시간에 배울 내용에 대해 학생들의 관심을 유발하고 학습 문제를 인식시킨다. 여기서 학습 문제란 차시 학습 목표와 같은 의미이다.

② 자료 탐색하기

직접 교과서를 이용해 학습을 진행한다.

③ 지식 발견하기

교과서에서 학습한 내용을 바탕으로 익혀야 할 지식을 확인한다.

④ 지식 적용하기

차시 수업을 마무리하는 단계이다. 배운 지식을 실제 적용하고 연습해 본 후 정리한다. 학습 문제를 제대로 해결했는지 점검하는 과제를 제시한다. 그리고 다음 차시를 예고하고 수업을 종료한다.

다음은 교육과학기술부에서 편찬한 교사용 지도서의 내용 중 일부이다. 수업 진행 과정을 알 수 있는 부분을 요약 정리한 것이

니, 참고하기 바란다.

∷ 듣기 · 말하기 1-1 1단원 2차시

문제 확인 하기	전시 학습 상기하기	*전시 학습 내용 떠올리기 – 지난 시간에는 무슨 활동을 했나요? – 지난 시간에 배운 바르게 듣는 자세에 대해 말해 봅시다.
	동기 유발 하기	*루스벨트 이야기 듣기 – 선생님께서 들려주시는 루스벨트 이야기를 바른 자세로 들어 봅시다. – 루스벨트는 언제부터, 어떻게 해서 자신감을 가지게 되었나요?
	학습 문제 파악하기	*학습 문제 제시하기 ('자신 있게 말하는 방법'에 대하여 알아봅시다.)
자료 탐색 하기	교과서 내용 탐색하기	*교과서 내용 파악하기 – 그림 **1**에서 머뭇거리는 민기를 보고, 산신령은 어떤 마음이 들었을까요? – 그림 **2**에서 산신령은 민기에게 어떻게 말해야 한다고 했나요? – 그림 **3**에서 산신령은 민기에게 어떻게 말해야 한다고 했나요? – 민기의 소원은 무엇인가요? *자신 있게 말하기 위한 방법 알기 – 그림 **4**에서 산신령은 민기에게 어떤 말을 하였을지 예상해 봅시다.
지식 발견 하기	자신 있게 말하는 방법 알기	*자신 있게 말하는 방법 알기 – 자신 있게 말하려면 어떻게 해야 하는지 말해 봅시다.
지식 적용 하기	지식 적용하기	*자신 있게 말하는 연습하기
	지식의 명료화 및 정리하기	*배운 내용 정리하기 *과제 제시하기 *차시 예고하기

초등학교 국어 교사용 지도서 1-1(교육과학기술부)

수업을 듣는 데도
순서가 있다

성적이 우수한 아이들은 나름대로 적절한 듣기 전략을 취해 수업을 듣는다.

적은 노력으로 공부를 잘하는 방법은 수업에 집중하여 잘 듣는 것이라는 건 알겠다. 그렇다면 어떻게 수업을 들어야 잘 듣는 것일까? 같은 교실에서 똑같은 선생님의 수업을 받은 학생들의 성적이 저마다 다른 이유는 무엇일까? 성적이 우수한 아이들은 다른 아이들과는 다른 듣기 전략을 취하고 있다.

선생님은 '문제 확인하기, 자료 탐색하기, 지식 발견하기, 지식 적용하기'의 순서로 수업을 진행한다는 것을 알았다. 이와 마찬가지로 수업을 효과적으로 듣는 데도 순서가 있다.

크게 3가지 과정으로, 첫 번째, 수업 듣기 전 미리 준비를 한다. 두 번째, 수업 중 간략하게 필기하며 듣는다. 끝으로 들

∷ 수업 200% 알차게 듣는 방법

듣기 전 준비하기 → 수업 듣기 → 들은 후 정리하기

① 듣기 전 준비하기

수업을 미리 준비하라고 해서 철저히 예습하라는 의미는 아니다. 수업 전 교과서를 준비하고, 미리 배울 부분에 대한 제목이나 그림 등을 훑어보는 정도면 충분하다. 이렇게 함으로써 수업 내용을 미리 예측할 수 있다. 이를 통해 수업을 듣는 동안 자신이 예측한 내용이 맞는지, 그렇지 않다면 어느 부분이 다른지 주목하여 적극적으로 수업에 임하게 된다. 이것만으로도 이미 수업의 절반 이상은 성공적으로 들은 것이나 다름없다.

② 수업 듣기

수업을 들을 때는 선생님의 설명을 들으면서 중요하다고 생각되는 것을 받아 적어야 한다. 선생님들은 보통 수업 중 중요한 것은 여러 번 반복하여 말한다. 사례를 들기도 하고 표현을 바꿔 말하기도 한다. 또 중요하다고 강조하기 위해 큰 소리로 말하거나, 특이한 액션을 취하기도 한다. 이를 놓치지 않고 표시하며 듣는다. 그리고 수업을 들으면서 이해가 가지 않는 부분이나 궁금한 점이 있을 때에는 질문하여 바로 해결해야 한다. 만일 시기를 놓쳤을 때

는 수업이 끝나자마자 선생님께 물어 그 시간 들은 것은 완벽하게
이해할 수 있도록 한다.

③ 들은 후 정리하기

수업을 다 듣고 난 후에는 교과서와 필기 내용을 견주어 보면서
다시 정리하는 시간을 갖는 것이 좋다. 수업 중에는 아무래도 바쁘
게 받아 적다 보니 예쁘고 깔끔하게 적기 어렵다. 그래서 수업 후
바로 확인하지 않고 시간이 흐른 뒤 보면 무슨 말인지, 왜 이런 필
기를 했는지조차 기억나지 않곤 한다. 따라서 바로 수업이 끝나자
마자 정리하는 습관을 길러 줘야 한다.

2.
과목마다 수업 듣는 방법이 따로 있다

교과 과목은 저마다 추구하는 학습 목표와 수업 전개 방식이 다르다. 따라서 과목마다 적절한 듣기 전략을 취해야 효과적으로 수업을 들을 수 있다.

국어(듣기) 수업
이렇게 들어라

듣기 과목은 초등 6년 동안 모든 상황과 종류의 듣기를 구사할 수 있도록 돕는다. 그리고 이것은 다른 과목의 수업을 듣기 위한 중요한 수단이 된다.

교과서를 비롯하여 다양한 학습 도구들을 이용하긴 하지만, 아이들은 대부분 '듣기'를 통해 수업을 받고 지식을 습득한다. 그래서 국어의 '듣기·말하기' 과목은 배움의 핵심 수단인 '듣기능력'을 키울 수 있는 중요한 과목이다. 다른 과목의 수업을 듣기 위한 기본 능력을 쌓아 주는 것이다. 읽기 과목을 충실히 익히면 모든 종류의 글을 읽을 수 있는 기본 능력을 갖추게 되는 것과 같다. 초등학교에서는 6년 동안 듣기 과목을 통해 모든 상황과 종류의 듣기를 구사할 수 있도록 가르치고 있다.

다른 과목과 마찬가지로 듣기·말하기 과목도 '도입, 본 수업, 마무리'의 과정으로 수업이 이루어진다. 그리고 듣기·말하기 수업은 교사, 학생, 교과서 이 세 요소의 상호 과정이 이루어지는 수업이라 할 수 있다.

:: 미리 준비하고 수업 듣기

강연이나 발표회를 들을 때, 이해력을 높이기 위해서는 미리 관련 도서나 자료를 찾아보는 것이 좋다. 수업을 들을 때도 마찬가지이다. 수업 전에 미리 교과서를 훑어본다. 이때 교과서를 꼼꼼히 살펴볼 필요는 없지만 적어도 학습 목표가 무엇인지 정도는 확인해야 한다.

한 장 한 장 넘기면서 큰 제목이나 그림을 통해 수업 전개 방식을 예측해 본다.

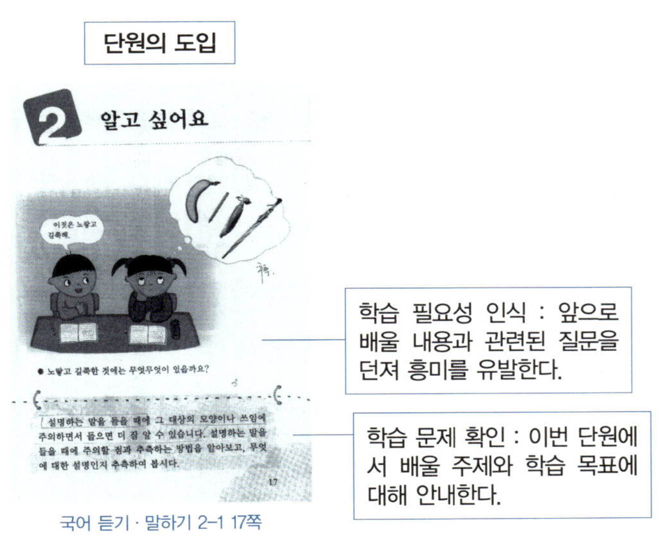

국어 듣기 · 말하기 2-1 17쪽

교과서를 보면 각 장의 도입 부분에서 학생들로부터 수업에 대한 흥미를 불러일으키기 위한 장치를 마련하고 있다. 위의 자료를 보면 아이들의 시선을 끌기 위해 그림을 통해 학습의 필요성을 인식하게 하고 있다.

또 그 단원에서 어떤 것을 학습할 것이며, 그것을 잘 배우기 위해 어떻게 해야 하는지 안내하고 있다. 수업 전 미리 이 정도만 확인해 놓아도 성공적인 수업 준비라 할 수 있다.

:: 수업 듣기

듣기 수업은 수업의 특성상 수업 시간 내에 '듣기 활동'을 한다. 이때 역시 듣기 전에 미리 무엇을 들을 것인지 인지한 후 듣기 활동을 한다. 교과서에도 '듣기 자료'를 듣기 전에 어떻게 들어야 하는지 안내되어 있다. 이뿐만이 아니라 선생님 역시 "자, 이제부터 '낱말 알아맞히기 대회'라는 이야기를 들려줄 거야. 등장인물들이 어떤 말을 주고받는지 생각하면서 들어 보렴." 등 들을 내용에 대해 미리 알려준다.

선생님의 안내를 유심히 듣고, 이에 주목하여 듣기 자료를 듣는다. 이때 실제 내용이 사전에 자신이 예상했던 내용과 어느 정도 일치하는지 확인하며 듣는 것이 좋다.

교과서에 그림 자료를 실어 놓은 이유 역시 '예측하며 듣기' 활동을 꾀하기 위해서이다. 예측하며 듣기는 적극적인 듣기 활동을 촉진시키며 내용의 이해를 높인다.

국어 듣기 · 말하기 2-1 18~19쪽

위 교과서를 보면 학습 목표와 함께 선생님이 듣기 자료를 들려 줄 때 어떻게 들어야 하는지 안내하고 있다. 이와 더불어 그림을 실어 놓아 그것을 단서로 듣기를 잘할 수 있도록 배려하고 있다.

::수업 들은 후 정리하기

국어 듣기 · 말하기 2-2 27쪽

수업을 들은 후에는 어느 정도 이해하고 있는지 확인해야 한다. 다른 과목의 경우 교과서 질문에 답해 보거나 들은 내용을 정리해 다른 사람에게 말해 보는 것도 좋은 방법이다. 그 시간에 배운 내용이 무엇인지, 잘 모르는 것은 없는지 확인하며 수업을 정리한다.

듣기는 과목 특성상 친구들과 그룹

을 만들어 '이야기 듣고 맞추기' 놀이 등을 하며 배운 것을 연습하
면 더욱 효과적이다.

사회 수업 이렇게 들어라

많은 배경 지식과 개념어를 알고 있을수록, 수업에 대한 이해도가 높아진다.

사회 시간에는 자신이 사는 마을에서 출발해 시, 도, 우리나라, 세계, 이처럼 점차 시야를 넓혀 가며 그 사회의 문화, 역사, 정치, 경제를 배운다. 그래서 어느 과목보다 배우는 양이 많으며 많은 배경 지식이 요구된다. 알아야 할 개념어도 많을뿐더러, 지도 읽기, 정치·경제 상식, 역사적 사건, 인물 등을 폭넓게 다룬다. 수업 시간 내에 이 모든 것을 배우고 익히기란 거의 불가능하다.

초등학교에서는 사회 과목을 통해 이 모든 것을 습득한다기보다 그야말로 눈에 익히는 단계라 할 수 있다. 그래서 '~을 알아보자, ~을 조사해 보자. ~을 탐구해 보자' 등 행동을 요구하는 경우가 많다.

::미리 준비하고 수업 듣기

사회 과목은 배경 지식이 많을수록 수업을 듣고 이해하는 데 유리하다. 그러나 배경 지식이 있더라도 그것을 적극 활용하지 않으면 아무 소용없다. 수업 듣기 전, 배경 지식을 바탕으로 앞으로 배울 부분에 대해 내가 이미 알고 있는 것은 무엇인지, 무엇을 알고 싶고 알아

사회 6-2 80쪽

야 하는지를 확인해야 한다. 이를 통해 수업 중 이 부분에 집중하여 들을 수 있다.

6학년 2학기 '함께 살아가는 세계'라는 단원에서는 무역에 대해 배운다. 교과서에는 우리나라의 무역 상대국과 무역 관계를 표시한 세계 지도가 실려 있다.

수업 시간에 선생님이 무역에 관한 설명을 한다고 가정하자. 이때 학생이 '수입, 수출, 무역'과 같은 용어를 어렴풋이라도 알고 있다면 선생님의 설명을 훨씬 이해하기 쉬울 것이다.

사회 과목의 수업 준비 역시 대단히 중요하며 절대 빠트려서는 안 된다. 한 번쯤 훑어보는 것만으로도 충분하며, 특히 용어에 대해 미리 체크하고 알아 놓으면 많은 도움이 된다. 이것이 부담스럽다면 적어도 내가 모르는 용어에 표시라도 해놓자. 그리고 수업에 임하면 선생님의 설명이 평소보다 더 귀에 쏙쏙 들어올 것이다.

::수업 듣기

사회는 특정한 개념어를 모르면 자칫 선생님의 설명을 놓치기 쉽다. 열심히 수업을 들은 것 같은데, 나중에 보면 도통 무슨 내용인지 모르는 부분이 생기는 것도 다 이 때문이다. 이를 방지하기 위해 수업을 듣다 이해가 되지 않는 부분은 반드시 메모해 두는 습관을 들여야 한다. 그리고 그 부분에 대해 친구나 선생님에게 묻거나 책을 찾아본다.

사회 과목의 특성상 지도, 도표, 그래프 같은 자료를 사용한 수업이 많다. 그래서 자료를 보고 읽어 내는 능력이 요구되는데 이것이 쉽지 않다. 따라서 선생님이 자료와 관련하여 설명할 때는 그 내용을 교과서 자료와 연관시켜 필기하며 듣는다. 이때 필기해 놓은 선생님의 설명은 혼자 공부할 때 큰 도움이 된다.

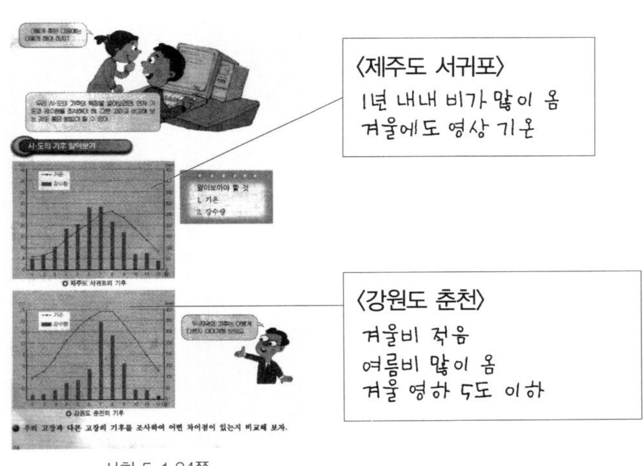

사회 5-1 24쪽

예를 들어 왼쪽 그래프는 제주도 서귀포와 강원도 춘천의 강수량과 기온을 나타낸 것이다. 선생님은 그 그래프를 학생들과 함께 보면서 각 지역의 기후 특성을 찾을 수 있도록 지도할 것이다. 그리고 두 지역 간에 강수량, 기온의 차이를 보이는 이유를 설명할 것이다. 이때 학생들은 열심히 선생님의 설명을 들으며 필기해야 한다. 그러지 않으면 나중에 그래프를 보더라도 이게 무엇을 의미하는지 알 수 없다. 특히 초등 교과서는 설명 없이 그림 자료만 나오는 경우가 많기 때문에 더욱 중요 내용을 받아 적을 필요가 있다.

:: 수업 들은 후 정리하기

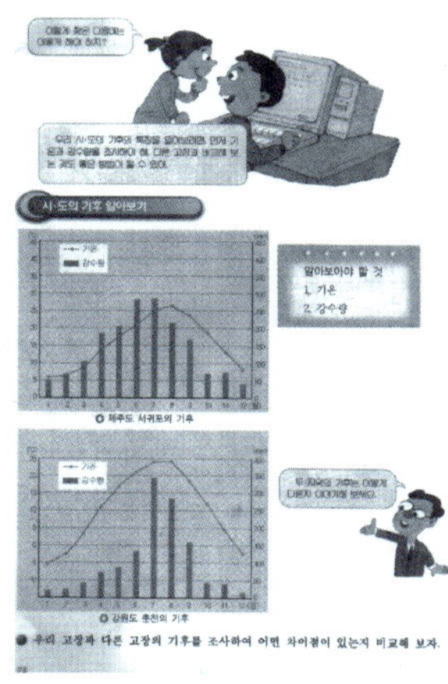

〈제주도 서귀포〉
1년 내내 비가 많이 옴(섬이기 때문, 울릉도나 독도도?)
겨울에도 영상 기온

〈강원도 춘천〉
겨울비 적음
여름비 많이 옴(장마?)
겨울 영하 5도 이하(연교차가 크다.)
*연교차 : 1년 중 가장 추울 때와 가장 더울 때 기온의 차이

초등 5-1 사회 24쪽

*녹색으로 표시한 것은 궁금한 점이나 친구의 메모를 보고 보충한 것이다.

사회 과목은 다른 과목에 비해 수업을 들으며 필기할 것이 많다. 바쁘게 필기하다 보면 흘려 쓰게 된다. 그리하여 나중에 다시

봤을 때 무슨 말을 적은 것인지 확인이 안 되는 때가 종종 있다. 그런 일이 생기지 않도록 수업이 끝나자마자 바로 필기한 것을 다시 정리해 두는 것이 좋다.

또한 자신의 필기를 다시 살펴보고 옆 친구의 필기와 비교하여 빠진 것은 첨가한다. 궁금한 것은 메모해 놓았다 자료를 찾아보거나 선생님께 질문하여 의문을 해결한다. 이를 통해 수업을 보다 알차게 들을 수 있다.

과학 수업 이렇게 들어라

과학은 실험을 통해 과학 개념과 이론에 대해 알려 준다. 직접 체험하여 얻은 지식은 기억에 오래 남기 때문에 잘못 도출된 실험 결과를 옳다고 착각하기 쉽다.

과학은 주로 실험을 통해 과학 지식을 터득할 수 있도록 구성되어 있다. 굳이 실험이 아니더라도 그림, 사진 등을 보면서 친근하고 쉽게 배워 나갈 수 있도록 짜여 있다. 그래서 교과서만 보면 그리 어려워 보이지 않는다. 하지만 설명 글 없이 그림 위주로 구성되어 있어 수업 시간에 집중해야만 제대로 배우고 습득할 수 있다.

: : 미리 준비하고 수업 듣기

초등 과학은 생활 속에서 과학의 원리를 발견해 지식으로 배워 나가는 과정이라 할 수 있다. 그래서 수업 전 교과서를 미리 살펴 보는 것 이상으로 중요한 수업 준비 과정이 있다는 걸 기억해야 한다. 그것은 바로 생활이 곧 과학이란 것을 알고 늘 과학적 사고를 하는 습관을 갖는 것이다.

예를 들어 보자. 4학년 1학기 첫 단원에서는 '수평 잡기'에 대해 배운다. 교과서를 보면 주변에서 흔히 볼 수 있는 물건들을 이용해 수평 잡기 연습을 해보도록 하고 있다. 이것은 굳이 4학년이 될 때까지 기다릴 필요 없이 평소 놀이처럼 해볼 수 있다. 이렇게 생활 속에서 실험 놀이를 통해 얻은 지식은 교실에서 배우는 것보다 기억이 오래가는 효과가 있다. 또한 사전에 미리 이런 체험을 해놓으면 실제 수업에서 이론적으로 배울 때 훨씬 쉽게 이해하고 기억할 수 있다.

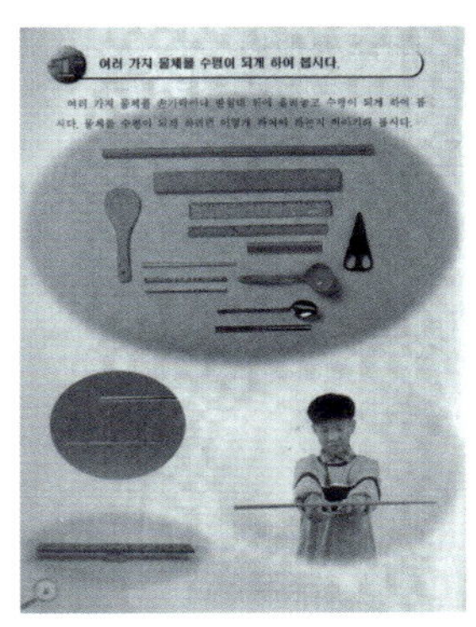

과학 4-1 4쪽

::수업 듣기

수업을 들을 때는 당연히 선생님 설명에 귀 기울여야 한다. 이것은 몇 번을 강조해도 지나치지 않는다. 특히 과학 과목은 다른 과목보다 몇 배의 주의를 기울여 선생님의 설명과 지시를 하나라도 놓치지 않아야 한다. 그 이유는 과학 과목의 특성 때문이다. 과학은 실험, 관찰이 차지하는 비중이 높다. 따라서 실험 시 주의 사항, 실험 방법 그리고 중점 관찰 사항 등에 대한 선생님의 지시를 잘 따라야 한다. 그렇지 않으면 실험을 의도대로 해내지 못하기 쉽고, 애써 실험해 놓고도 제대로 된 결과를 도출해 내지 못할 수도 있다. 심한 경우 위험한 사고를 초래할 수도 있다.

예를 들어 5학년 1학기에는 '용해와 용액'에 대해 배운다. 학생들은 이때 소금이 물과 아세톤에 녹는지 실험하여 용해와 용액에 대한 개념을 배운다. 실험에 앞에서 선생님은 학생들에게 실험 도구들을 조심히 다뤄야 한다는 말을 잊지 않는다.

오른쪽 자료처럼 교과서에 실험하는 모습이 사진으로 나와 있다. 하지만 그것만으로 실험을 성공적으로 해내기에

과학 5-1 16쪽

는 부족하다. 그래서 선생님은 차근차근 실험 과정을 설명하여 학생들이 잘 따라 할 수 있도록 돕는다. 특히 거름 장치를 이용하여 플라스크에 들어 있는 소금을 녹인 물과 아세톤을 거르는 단계에서는 조심해야 한다. 선생님의 지시대로 플라스크 안의 용액을 막대에 흘리듯이 거름 장치에 넣어야 한다.

이런 실험을 할 때 집중하여 진지하게 임하는 아이들이 있는가 하면 그 반대인 아이들도 있다. 아이들은 마음이 급해 자기들 하고 싶은 대로 하기도 하고, 실험 절차 일부를 빠트리기도 한다. 그러면 당연히 실험 결과를 제대로 관찰할 수 없다. 실험에 임할 때는 선생님의 설명과 지시를 잘 듣고 따르는 것이 무엇보다 중요하다.

:: 수업 들은 후 정리하기

실험 수업은 보통 여러 명이 한 조가 되어 이루어진다. 실험이 원래 의도대로 진행되는 때도 있지만 선생님의 지시대로 따르지 않았을 때는 실험 결과가 잘못 나오기도 한다. 문제는 자신들의 실험 결과가 잘못되었음을 알더라도, 아이들은 자신들의 실험 결과만을 기억하게 된다는 것이다. 이는 틀린 실험 결과를 맞다고 착각하여 시험 때 실수하는 원인이 된다. 그렇기 때문에 특히 실험할 때는 선생님의 지시를 유심히 듣고 따라야 한다. 그리고 수업이 끝나고 나면 반드시 확인하여 잘못된 부분이 있으면 수정하는 것을 잊지 말아야 한다.

4장

듣기능력이 학년별 성적을 좌우한다

−학년마다 요구하는 듣기능력은 따로 있다

1. 아이의 듣기 수준을 먼저 체크하라

아이의 듣기능력에 무관심한 부모들
듣기능력 진단 결과로 성급히 아이를 판단해서는 안 된다
부모가 진단하는 내 아이 듣기능력

2. 수업을 듣기 위해 필요한 학년별 듣기능력

초등 1학년이 갖추어야 할 듣기능력
초등 2학년이 갖추어야 할 듣기능력
초등 3학년이 갖추어야 할 듣기능력
초등 4학년이 갖추어야 할 듣기능력
초등 5학년이 갖추어야 할 듣기능력
초등 6학년이 갖추어야 할 듣기능력

1.
아이의 듣기 수준을
먼저 체크하라

부모가 집에서 간단히 아이의 듣기능력을 진단해 볼 수 있다. 앞으로 소개하는 진단 방법은 어디까지나 내 아이의 듣기 수준을 대략적으로 점검해 보는 정도로 받아들여야 한다. 이를 절대적 평가 결과로 생각해 좌절하거나 의기소침해질 필요는 없다. 다소 자기 학년 수준보다 듣기능력이 떨어지더라도 지금부터 지속적이며 계획적인 교육으로 발달시킬 수 있다.

아이의 듣기능력에
무관심한 부모들

부모들이 생각하는 듣기는 '들리기'이다. '들리기'와 '듣기'는 다르다. 자기 학년 수준에 못 미치는 듣기능력은 학습을 방해하는 주요 요인이다.

과연 부모들은 내 아이의 '듣기 수준'이 어느 정도라고 생각하고 있을까? 최근 들어 자녀의 '읽기 수준'에 관심을 갖는 부모가 늘고 있어서 참으로 다행스럽게 생각한다. 하지만 여전히 '듣기능력'이나 '듣기 수준'이라는 말은 처음 들어 보았거나 들었다 하더라도 심각하게 생각하는 부모는 별로 없는 것 같다. 부모들은 그저 '듣기야 특별히 의학적으로 문제가 없다면 저절로 듣게 되는 것인데, 무슨 능력이나 수준이 있겠어?'라고 생각한다. 이런 마당에 아이의 듣기 수준을 정확하게 파악하고 있기를 기대하는 것은 지나친 욕심이다.

그러나 그들이 말하는 듣기는 엄밀히 말해 듣기라고 할 수 없다. 그것은 신체적인 듣기, 즉 '들리기'일 뿐 '듣기'는 아니다.

이제부터라도 내 아이의 듣기능력과 듣기 수준에 대해 관심을 가지길 바란다. 그래야 제대로 된 듣기 교육이 가능하며 이를 통해 듣기능력을 향상시킬 수 있다. 듣기능력이 갖춰져야만 이를 활용하여 보다 많이 그리고 효과적으로 학습할 수 있다.

한번은 '자녀 학습 코칭법'이란 수업을 수강하는 엄마들에게 "내 아이의 듣기 수준은 어느 정도라고 생각하느냐."는 질문을 했다. 내가 예상했던 대로 "생각해 본 적 없다."는 대답이 나왔다. 그리고 이어서 다음과 같은 질문이 쏟아졌다.

"우리 애는 학교에서 전달 사항이 있어도 그걸 제대로 전달하지 못해요. 꼭 뭘 빠트리는데 그것도 듣기능력하고 관련 있나요?"

"우리 애한테 책을 읽어 주다 보면 가끔씩 짜증 날 때가 있어요. 실컷 힘들게 읽어 준 후 몇 가지 물어보면 딴말을 한다니까요. 읽어 준 것을 이해하지 못해서 그런 건가요?"

"우리 애는 TV 볼 때도 나를 귀찮게 해요. '뭐라고? 엄마, 뭐라고 했어요?' 하고 자꾸 물어봐요. 듣기능력이 부족해도 그런다던대. 듣기능력에 문제 있는 거 맞죠?"

그 질문들에 대한 나의 답변은 '듣기능력과 관련 있을 가능성이 많다.'는 것이다. 물론 엄마들이 궁금해하는 아이들의 모든 증세들이 듣기능력 때문은 아닐 수도 있다. 친구들과 노느라 전달 사항을 제대로 듣지 못했을 수도 있고, 잠시 딴 곳에 정신 팔다 한 대목을 놓쳤을 수도 있다. 그렇더라도 듣기능력이 좋은 아이들은 친구와 놀고 있어도, 잠깐 다른 생각을 했어도 꼭 들어야 할 것은 반드시 듣는다. 그 아이들은 놀더라도 듣기에 신경 쓰면서 논다. 혹여 듣기를 놓쳤어도 앞뒤 이야기로 놓친 부분을 추론하여 파악해 낸다.

만일 내 아이에게 앞의 엄마들과 비슷한 경험을 한 적이 있다면, 아이의 듣기 수준에 관심을 가져야 한다. 이런 일이 빈번하다면 아이의 듣기 수준이 떨어진다는 신호일 수 있기 때문이다. 제대로 된 학습에는 읽기능력 못지않게 듣기능력이 대단히 주요하게 작용한다. 따라서 이를 그대로 방치해 두면 학습에도 엄청난 영향을 미치게 된다.

듣기능력 진단 결과로
성급히 아이를 판단해서는 안 된다

객관적 듣기능력 진단 도구는 개발되지 않았다. 혹시 아이의 듣기 수준이 기대에 못 미치더라도 실망해서는 안 된다.

그렇다면 듣기 수준은 어떻게 확인할 수 있을까? 읽기능력은 '비형식적 검사' 형태로 개발된 평가 도구로 측정이 가능하다. 하지만 안타깝게도 제대로 듣고 이해하고 있는지 검사할 수 있는 '듣기능력 진단 도구'는 아직 개발되지 않았다. 그래서 평소 아이가 이야기를 들을 때 말하는 사람을 제대로 쳐다보는지, 적절히 고개를 끄덕이며 맞장구를 치는지, 필요한 사항을 메모하며 듣는지 등을 세심하게 관찰하는 것이 중요하다.

비록 정확한 평가 도구는 없지만 읽기능력을 진단할 때처럼 듣기 자료를 들려주고 회상능력과 이해력 정도를 측정하는 것으로 듣고 이해하는 정도를 짐작할 수 있다.

듣기능력을 진단하는 또 다른 방법은 초등학교 듣기·말하기 교과서를 이용하는 것이다. 각 학년별로 제시하고 있는 듣기능력 목표를 어느 정도 달성하는지 평가하는 것이다. 이를 통해 아이의 듣고 이해하는 능력을 가늠할 수 있다. 단, 이와 같은 방법들은 어디까지나 듣고 이해하는 능력 정도를 짐작하는 수준이라는 것을 잊지 말아야 한다. 앞에서 말했듯이 아직 정확한 듣기 수준을 진단할 수 있는 객관적 평가 도구는 개발되지 않았다.

부모가 진단하는
내 아이 듣기능력

각 학년별 목표 듣기능력을 얼마나 달성하는지로 평가한다. 묻고 답하거나 글로 써서 답하거나 편한 방법을 사용하면 된다.

아이가 학교 수업을 어느 정도 따라간다면 읽기능력이나 듣기능력에 큰 문제는 없다고 보아도 무방하다. 그래도 나는 내 아이의 듣기 수준이 궁금하다고 한다면, 부모가 직접 아이의 듣기 수준을 점검해 볼 수 있다.

단 아이의 듣기 수준이 자기 학년 수준에 크게 못 미친다는 의심이 든다면 전문가를 찾아가 좀 더 세심하게 살펴볼 필요가 있다. 물론 정확한 듣기능력 진단 도구는 없다. 그렇지만 전문가는 아이의 듣고 이해하는 능력뿐 아니라 듣기 태도, 혹은 읽기능력, 지능까지 총체적으로 점검한다. 그리하여 듣기 수준이 떨어지는 이유를 분석해 이를 해결할 수 있는 방법을 효과적으로 찾아낸다.

:: 듣기능력 진단 방법

아이의 듣기능력을 진단해 보자. 여기에서는 초등학교 듣기·말하기 교과서의 지문을 이용하여 각 학년별 목표 듣기능력을 어느 정도 달성하는지를 평가하게 된다(듣기능력 진단 자료는 부록에서 확인할 수 있으며, 사실적 이해능력, 추론적 이해능력을 체크해 볼 수 있다). 듣기능력을 진단할 때는 아이의 건강이나 심리 상태가 최상일 때 하는 것이 좋다. 그래야 비교적 좋은 결과를 얻을 수 있다.

만일 회상능력까지 측정하고 싶다면 『초등 읽기능력이 평생성적을 좌우한다(글담)』에 실린 읽기능력 진단 자료를 이용해 볼 수 있다. 듣기능력 진단은 읽기 자료를 부모가 읽어 준 후 추론능력과 이해력을 진단하면 되는데, 방법은 읽기능력 진단법과 동일하다.

1) 진단 전 평가하기

① 배경 지식의 유무를 진단한다.

듣기는 읽기에 비해 배경 지식의 여부가 이해력에 큰 영향을 미친다. 듣기 자료를 들려주기 전 미리 들려줄 핵심 내용에 대해 질문한다. 이를 통해 아이가 그 내용에 대해 어느 정도의 배경 지식을 가지고 있는지 확인할 수 있다. 배경 지식은 듣기 이해능력에 상당한 영향을 미치기 때문에 핵심 내용에 대한 배경 지식을 평가하는 것은 매우 중요하다.

2) 진단하기

① 듣기 태도를 점검한다.

글을 들려줄 때 아이가 안정적인 자세로 듣는지, 혹은 시선이 불안정하게 왔다 갔다 하진 않는지 관찰해 진단지에 표시한다. 아이가 진단에 대해 심한 부담감을 갖고 있다면 심하게 몸을 움직이거나 축 처진 모습을 보이기도 한다. 이럴 때는 진단을 멈추고 심리적으로 안정을 취한 후 이어 가는 것이 좋다. 그래야 정확한 결과를 얻을 수 있다.

② 이해능력을 평가한다.

어휘력, 사실적 이해능력, 추론능력, 주제 파악능력을 점검함과 동시에 자기 학년에 해당하는 학습 목표의 달성 여부를 점검한다. 이때 부모는 학년별 학습 목표를 확인하고 그에 해당하는 질문을 분명하고 단순하게 해야 한다. 또한 질문은 일반 지식이나 사전 경험이 아닌 들려준 자료 내에서 대답할 수 있는 것이어야 한다. 단 자기 학년보다 아래 학년의 학습 목표에 해당하는 항목은 질문에 포함해도 무방하다.

진단하는 사람은 질문하고, 진단 받는 사람은 이에 대답한다. 그리고 그것을 진단하는 사람이 기록하여 결과를 산출한다. 질문하고 말로 답하는 것이 어려울 때는 질문지로 만들어 적는 방식을 택해도 괜찮다.

전체 문항에서 맞춘 문항을 나누어 퍼센트로 결과를 산출한다. 그리고 그 퍼센트 결과를 아래 표에 대입하여 아이의 듣기능력 수준을 판단할 수 있다.

듣기능력 수준	이해력 질문 정답률
독립 수준	90% 이상
도움 수준	70% 이상~90% 미만
지도 수준	50% 이상~70% 미만
노력 수준	50% 미만

3) 진단 결과 평가하기

① 독립 수준

듣기능력 평가 결과가 90% 이상이라면 '독립 수준'이라 평가한다. 이 수준의 학생들은 자기 학년 수준의 글을 듣고 스스로 이해할 수 있다. 일반적으로 듣고 이해하는 능력이 뛰어나며 거의 모든 어휘를 듣는 즉시 이해하며, 듣기 집중능력도 뛰어나다. 듣다가 내용을 놓치는 경우도 가끔 있지만 이해하는 데 큰 영향을 받지 않는다. 또한 이야기 듣는 것을 즐긴다. 수업 중 이해를 높이기 위해 나름대로 듣기 전략을 구사하기도 한다. 보통 이 수준의 아이는 읽기능력도 뛰어난 경우가 많다.

② 도움 수준

듣기능력 평가 결과가 70% 이상~90% 미만이라면 '도움 수준'이라 평가한다. 자기 학년 수준의 글을 듣는 것이 아주 능숙하지는 않지만, 가끔 등장하는 모르는 낱말은 물어 가며 어렵지 않게 이해할 수 있다. 글을 들으면서 감춰진 의미를 파악하기 위한 노력이 필요하다.

③ 지도 수준

듣기능력 평가 결과가 50% 이상~70% 미만이라면 '지도 수준'이라 평가한다. 이 수준의 아이들은 자기 학년 수준의 글을 듣고 이해하는 데 많은 어려움을 느낀다. 듣다가 모르는 낱말이 나오거나 좀 딱딱하고 어려운 내용을 듣게 되면 금방 흥미를 잃고 듣기를 포기한다. 그래서 종종 듣기 도중 딴짓을 하거나 허공을 바라보는 등의 행동을 한다. 선생님의 설명을 이해하지 못해 학교 공부에 어려움을 느낀다. 부모님과 선생님의 관심과 지도가 반드시 필요하다.

④ 노력 수준

듣기능력 평가 결과가 50% 미만이라면 '노력 수준'이라 평가한다. 이 수준의 아이들은 읽기능력도 자기 수준 이하일 가능성이 높다. 그래서 듣기뿐 아니라 읽기까지 함께 지도할 수 있는 전문가의 도움을 받아야 한다. 이 수준의 아이들은 이야기 듣기도 별로 좋아하지 않으며 짧은 시간도 집중해 듣지 못한다. 아주 쉬운 재미있는 이야기로 '집중하여 듣기'부터 차근차근 지도해야 한다. 이와 더불어 짧고 간단한 글 읽기도 함께 병행해 배경 지식과 어휘력을 넓힐 수 있도록 한다.

2.
수업을 듣기 위해
필요한 학년별 듣기능력

앞에서 듣기능력 진단을 통해 아이가 자기 학년의 목표 듣기 수준을 얼마나 달성했는지도 파악했을 것이다. 학년마다 요구하는 듣기능력을 얼마나 갖췄느냐가 학년별 성적을 좌우한다. 듣기능력은 단숨에 향상되지 않는다. 학교 교육은 듣기능력이 단계별로 성장할 수 있도록 구성되어 있으며, 이를 얼마나 달성하였느냐가 성적에 많은 영향을 낳는다.

초등 1학년이
갖추어야 할 듣기능력

듣기능력의 기본 요소인 올바른 '듣기 태도'를 갖춰야 한다.

1학년 때 가장 공들여 갖추어야 할 듣기 능력은 '듣기 태도'이다. 남의 말을 들을 때는 바르게 앉아 말하는 사람을 바라본다, 미소 짓거나 고개를 끄덕여 이해했다는 신호를 보낸다 등의 기본적인 듣기 태도를 익혀야 한다. 또한 주인공이 등장하는 이야기를 듣고 인물의 모습과 행동을 상상하고, 인물의 특징을 기억해 낼 수 있어야 한다.

이 시기 아이들의 듣기능력을 향상시키기 위해서는 듣고 전하는 듣기 과제를 지속적으로 부여해 주의 집중하여 들을 수 있도록 지도해야 한다.

1학년은 놀이를 통해 듣기 수준을 높이는 것이 바람직하다. 예를 들어 '이야기 듣고 똑같이 행동하기', '수수께끼', '다섯고개',

'소리 듣고 느낌 표현하기' 등이 그것이다. 이런 놀이는 굳이 상대의 이야기에 집중하라고 하지 않아도, 저절로 귀담아듣고 생각하게 한다. 또한 듣기능력과 더불어 사고력, 상상력까지 키워 주는 효과가 있다.

부모는 아이가 초등학교에 입학했다면 선생님과 친구의 말을 귀담아듣는 것이 얼마나 중요한지를 강조해야 한다. 우리 아이가 수업 중에 얼마나 발표를 잘했느냐보다 학교에서 아이가 선생님 설명에 얼마나 집중하고 친구의 이야기에 귀 기울이느냐에 관심을 기울여야 한다. 그리고 그러한 아이가 훌륭한 학생, 좋은 친구라는 것을 수백 번 일러 주어야 한다. 지금은 비록 발표 잘하는 아이가 좋아 보이겠지만, 이때 듣기능력의 기본 요소를 익히지 못한 아이는 후에 학습능력에서 엄청난 차이를 보이게 된다.

초등 2학년이
갖추어야 할 듣기능력

내용의 중요도를 파악하여 집중하여 들을 수 있어야 한다.

2학년이 된 아이는 듣기의 중요성을 인지하고 상대의 이야기를 주의 깊게 들을 수 있어야 한다. 그래서 자신이 하고 싶은 말이 있더라도 다른 사람의 말을 도중에 끊지 않고 끝까지 들으려 애쓴다.

이맘때 아이들은 아직 자기중심적이기 때문에 듣고 싶은 내용만 듣고 자기 나름대로 해석하는 경향이 있다. 선생님의 전달 사항을 빠뜨리지 않고 전하는지, 심부름을 시켰을 때 실수 없이 해내는지, 말로 지시했을 때 잘 따르는지를 관찰해야 한다. 만일 조금이라도 미흡하거나 의심되는 행동을 보인다면 의도적으로 말 전달 놀이 등을 통해 주의 깊게 듣는 연습을 시켜야 한다.

또한 이야기의 성격에 맞게 듣는 방법을 달리해 가며 들을 수 있어야 한다. 시나 이야기를 들을 때는 '장면 상상하며 듣기'가 가능하다. 시를 듣고 상상한 것을 그림으로 표현하기도 하고, 이야기 속 등장인물의 모습을 상상하며 더 재미있게 이야기를 듣는다. 그리고 설명문을 들을 때는 자신의 지식과 경험을 바탕으로 설명하는 대상을 추측하며 듣는다.

듣기능력이 뛰어난 2학년 중에는 중요한 내용은 적으며 들어야 한다는 것을 이미 알고 있는 아이도 있다. 다른 사람의 이야기를 통해 알게 되거나 기억해야 할 내용을 적절히 적어 가며 듣는다. 그리고 새롭게 알게 된 내용에 대해 스스로 정리하여 설명하기도 한다.

이 시기의 아이들에게 요구되는 듣기능력은 효과적인 수업 듣기에 바탕이 된다. 따라서 만약 내 아이가 자기 학년 수준에 맞는 듣기능력이 부족해 보인다면, 절대 간과해서는 안 된다. 자신이 좋아하는 물건을 설명하여 맞히거나, 사진 또는 그림을 보고 설명하여 그것이 무엇인지 추측하는 놀이 등으로 자기 학년 수준의 듣기능력을 키워 줘야 한다.

설명을 듣고 무엇에 대한 설명인지 맞히는 놀이

국어 듣기 · 말하기 2-1 22~23쪽

카드를 통해 대상을 설명하고 맞히는 놀이

국어 듣기 · 말하기 2-2 24~25쪽

초등 3학년이
갖추어야 할 듣기능력

상대의 이야기에 집중하여 다시 그 이야기를 남에게 전달할 수 있어야 하며, 지시를 그대로 실행할 수 있어야 한다.

3학년이 되면, 남의 이야기를 그저 잘 듣는 수준에서 훨씬 발전한 듣기능력을 갖추어야 한다.

우선 들은 내용을 남에게 전달할 수 있어야 한다. 또한 남의 이야기를 주의 깊게 들어야 하는 이유가 내용 이해만을 위해서가 아니라, 타인과의 원만한 의사소통과 보다 효과적인 의견 전달을 위한 것임을 알아야 한다.

듣기에 집중해야 지시에 따라 실수 없이 실행할 수 있음을 경험을 통해 알고 실천해야 한다. 적어도 한 번쯤 듣기에 집중하지 않아 실수한 경험을 갖고 있다.

또한 단순히 듣기 차원에서 발전하여 나름대로 잘 듣기 위한 몇 가지 전략을 세울 수 있어야 한다. 듣는 내용을 보다 잘 이해하기

위해 자신의 지식과 경험을 동원하거나, 들으며 사실과 의견을 구
분할 수 있는 능력을 갖추어 상대가 무슨 목적으로 그런 말을 하는
지 추론한다. 이를 통해 광고나 연설을 들을 때 그것이 거짓인지,
과장인지 분별하여 받아들인다.

초등 4학년이
갖추어야 할 듣기능력

듣는 내용의 성격에 따라 적절한 듣기 전략을 취할 수 있으며, 토론이 가능해야 한다.

4학년이면 중요한 내용을 판단해 가며 들을 수 있어야 한다. 그리하여 듣는 내용의 성격에 따라 적절한 듣기 전략을 취한다. 설명을 들을 때는 중심 내용과 세부 내용을 파악하며 중요한 내용은 추려 메모한다. 이야기를 들을 때는 내용에 따라 인과 관계에 중점을 둘 것인지, 일의 진행 순서나 시간 흐름, 장소 전환, 혹은 인물, 사건, 배경을 중심으로 들어야 하는지 판단해 그때그때 적합한 듣기 방법을 취한다.

또한 자신과 의견이 다른 사람과 대화를 주고받을 수 있어야 한다. 즉 토의와 토론이 가능하다. 예의를 다해 경청하며 상대편이 무엇을 주장하는지, 그 근거는 타당한지 판단한다. 중요하며 일리 있는 의견 등은 반드시 메모하여 자신의 의견을 펼치거나, 상대 의견에 반박할 때 참고한다.

　이렇듯 4학년이 되면 '단순 듣기', '상호 작용 듣기' 수준에서 발전해 '의견 주고받으며 듣기'를 효율적으로 할 수 있을 만큼의 듣기능력을 갖추어야 한다.

초등 5학년이
갖추어야 할 듣기능력

자신이 제대로 듣고 있는지, 효과적인 듣기 전략을 사용하고 있는지 점검하며 듣는 '초인지적인 듣기'가 가능해야 한다.

5학년은 본격적으로 자기주도적 학습을 해야 하는 시기이다. 그러기 위해서는 선생님의 설명을 들을 때 교과서와 비교해 가며, 어떤 내용이 책에는 없는지 파악하여 중요한 내용을 골라 필기할 수 있어야 한다. 그리고 주변이 소란스러워도 듣기에 집중해야 한다. 그 정도 듣기능력이 있는 아이는 이야기를 듣다가 잠깐 딴생각을 하더라도 금방 다시 듣기에 집중할 수 있는 자기 통제력을 갖추고 있다.

경험을 통해 '메모하며 듣기'의 효율성을 인지해, 수업이나 전달 사항을 말할 때 따로 주의 주지 않아도 스스로 적어 가며 듣는다. 그리고 들리는 것을 무조건 받아 적는 것이 아니라, 들으면서 필요한 것을 잘 메모하고 있는지 육하원칙과 인과 관계 그리고 순서에 맞춰 적고 있는지, 듣다 놓친 부분은 없는지 확인해 가며 듣는다. 즉, '초인지적인 듣기'를 하기 시작한다는 뜻이다. 초인지적인 듣기란 자신이 제대로 듣고 있는지, 듣기 전략을 효과적으로 사용하고 있는지 점검하며 듣는 것이다. 그래서 듣기가 제대로 되지 않을 때는 알아서 적절한 조치를 취해 가며 듣는다.

아이는 수업 시간에 많은 내용을 배우게 된다. 그중에는 반드시 익히고 기억해야 하는 것이 있는가 하면, 그러지 않아도 되는 것이 있다. 이때 올바른 5학년 수준의 듣기능력을 갖추었다면, 수업 시간 중 핵심 내용만 추려 기억할 수 있다. 그리고 나중에 그 부분만 중점적으로 공부할 수 있다. 이는 성적 향상에 직접적인 영향을 미친다.

초등 6학년이
갖추어야 할 듣기능력

최대한의 듣기 예절과 상대의 이야기에 집중하여 정리해 내는 능력이 요구되는 '면담하기'가 가능해야 한다.

6학년이 되면 최소 6년 동안 듣기 교육을 받은 만큼, 듣기 목적에 따라 '줄거리 간추려 듣기', '분석하며 듣기', '사실과 의견 판단하며 듣기'를 자유자재로 결정해 들을 수 있어야 한다.

그리고 말하는 이의 기분을 좋게 하여 더 많은 이야기를 끌어내는 듣기 태도를 인지하고 있어야 한다. 또한 말하는 이에 따라 중요한 것을 어떤 형태로 강조하는지, 그것을 어떻게 메모하며 들어야 하는지 알고 실천해야 한다.

더 나아가 필요에 따라 듣기를 청할 수 있을 정도의 능력을 갖추어야 한다. 즉, 면담을 할 수 있다는 뜻인데 면담은 어떤 듣기보다 높은 수준의 듣기능력을 요구한다. 왜냐하면 최대한

의 듣기 예절을 갖추어야 함은 물론이고, 상대방의 이야기를 하나도 놓치지 않고 들어 그것을 일목요연하게 정리할 수 있어야 하기 때문이다. 일반적으로 면담은 그 내용을 글로 다시 정리해 대중에게 공개하는 것을 목적으로 한다. 그래서 실수를 줄이기 위해 보조수단으로 녹음을 하기도 한다. 하지만 면담 대상에 따라 녹음을 거절하는 경우도 있기 때문에 면담을 요청해 들을 정도가 된다는 것은 아주 높은 수준의 듣기능력을 갖추었다 해도 무방하다.

듣기능력은 중학교 때의 성적을 판가름한다. 초등학교 때까지는 듣기능력이 부족하여도 어느 정도 성적을 유지할 수 있다. 하지만 중학생이 되면 공부 내용이나 수업 방식 등이 모든 면에서 초등학교 때와 비교할 수 없을 정도로 심화, 강화된다. 따라서 초등학교 때 충분히 필요한 듣기능력을 갖추지 못한 아이는 중학교 수업을 따라 가지 못하고 낙오되기 십상이다. 만약 지금이라도 내 아이의 듣기능력이 의심된다면, 아직 늦지 않았으니 서두르기를 바란다.

5장

다양한 듣기 연습으로 듣기능력을 올린다

-듣기 종류에 따라 적절한 듣기 전략을 취하라

1. 상호 작용 하며 듣기

'이야기 듣기'로 말하기능력과 집중력을 높여라
'경험담 듣기'로 지식과 정보 획득법을 배워라
'나와 다른 의견 듣기'로 토론력을 높여라
'설명하는 말 듣기'로 배경 지식을 활성화하는 법을 배워라

2. 일방적 듣기

'뉴스 듣기'로 배경 지식과 사고력을 높여라
'알리는 말 듣기'로 요점 파악하여 메모하는 능력을 높여라

1.
상호 작용 하며 듣기

듣기 종류에 따라 필요한 듣기능력은 다르다. 듣기 종류는 크게 말하는 이와 듣는 이가 함께 교류하며 말하기와 듣기가 동시에 이루어지는 '상호 작용 하며 듣기', 말하기와 듣기가 별개로 이루어져 상호 교류가 불가능한 '일방적 듣기'로 나뉜다. 각 듣기 종류에 요구되는 듣기능력을 연습하는 사이, 자연히 효과적 듣기 전략을 스스로 취할 수 있게 된다. 또한 듣기 역시 읽기와 마찬가지로 다양한 정보와 지식을 습득하는 매개체이다. 이렇게 쌓은 배경 지식은 듣기능력을 한층 향상시킨다.

무엇을 듣느냐에 따라 듣는 방법을 달리할 줄 아는 것은 아주 중요하다. 아이에게 어떤 상황, 무슨 말이든 메모하거나 긴장하며 들을 것을 강요할 필요는 없다. 상대방 이야기에 경청하는 것과 기억하려 애쓰며 듣는 것은 전혀 다른 차원이기 때문이다.

누군가의 고민을 들을 때는 메모하는 것보다 진심으로 상대의 마음을 이해하며 듣는 것이 중요하다. 또 활기찬 분위기 조성을 위한 우스갯소리를 들을 때는 그에 맞게 긴장을 풀고 즐겁게 들으면 된다. 그러나 정말 중요한 강의를 들을 때는 한마디도 놓치지 않겠다는 자세로 들어야 한다. 이처럼 듣는 말의 종류에 따라 듣는 방법을 달리하면 최소한의 노력으로 최대한의 효과를 누릴 수 있다.

듣기 종류 중에서도 이번 장에서는 '상호 작용 하며 듣기'에 필요한 능력과 요령에 대해 알려 주고자 한다. 지금까지 듣기는 말하기와 동시에 일어나는 언어 행위임을 강조해 왔다. 상대의 이야기를 들으면서 한편으론 자신의 생각과 무엇이 다른지, 혹은 처음 듣는 내용인지 등을 따진다. 그리고 들은 내용을 이해한 후 상대에 맞춰 자신의 생각을 적절히 조절해 가며 말하게 된다. 이는 말하는 이도 마찬가지이다. 말하는 이와 듣는 이 간에 내용, 속도, 난이도를 조절해 가는 상호 작용이 일어나는 것이다.

이렇게 상호 작용 하며 듣기를 할 때는 무엇보다 상대의 말에 경청하는 태도가 몹시 중요하다. 듣는 사람의 태도에 따라 말하는 사람이 하고 싶은 말을 다 할 수도, 그렇지 않을 수도 있다. 또한 말하는 이로부터 듣고 싶은 내용을 이끌어 낼 수도, 그렇지 않을 수도 있다.

'이야기 듣기'로
말하기능력과 집중력을 높여라

이야기 듣기는 재미와 함께 자연히 교훈을 선사하는 힘을 가졌다. 또한 집중하여 듣는
능력을 키워 주며, 책 읽기와 달리 상황이나 목적에 따라 내용 첨가와 첨삭이 가능하여
말하기능력도 향상시킨다.

'이야기 듣기'는 책으로 말하면 전래 동화, 창작 동화 같은 '문학 읽기'에 해당한다. 이것의 특징은 주인공을 중심으로 이야기가 펼쳐지며 다양한 등장인물들이 나온다는 것이다.

듣는 이야기의 대표적인 것으로 옛이야기를 들 수 있다. 옛이야기야말로 누군가는 이야기하고 누군가는 듣는 과정을 반복하며 지금까지 내려온 것이기 때문이다. 아이들이 듣는 이야기는 책을 통해 읽는 이야기와 골격은 같지만, 책보다 아주 짧고 간단한 구조를 보인다. 책은 재미있다면 몇 시간, 며칠이 걸려서라도 읽기 때문에 분량의 제한이 없다. 하지만 듣는 이야기는 보통 들려주는 사람이 그 자리에서 시작해서 끝맺는 경우가 대부분이라 짧은 것이 특징이다. 그 대신 아주 재미있다. 만약 상대가 재미없어하는 눈치를 보이면 즉시 재미있는 부분을 첨가해 들려주거나 지루한 부분은 적당히 빼는 등 조절이 가능하기 때문이다.

책 읽기에 비해 이야기 듣기는 아주 편안하다. 특별히 긴장하고 정신을 집중하지 않아도 된다. 가끔은 그다지 재미없는 이야기도 분위기에 따라 아주 재미있어진다. 게다가 들은 얘기를 나만의 스타일로 각색하여 누군가에게 전해 주는 재미도 쏠쏠하다. 이것이 바로 '이야기 듣기'이다.

어린 시절을 추억해 보라. 비 오는 날 큰 오빠가 동생들을 모아 놓고 해주던 온갖 귀신 이야기들. 지금 생각해도 저절로 입가에 미소가 지어진다. 오빠가 "내 다리 내놔. 내 다리~~" 하며 다리를 '꽉' 잡으면 혼비백산해 울음을 터트리면서도 또 "내 다리 얘기해 줘." 하며 조르곤 했을 것이다. 이렇게 단순히 재미로 듣는 이야기도 있지만, 이야기를 듣는 사이 저절로 교훈이나 깨달음을 얻게 되는 경우도 있다. 다음이 그런 예이다.

옛날 옛날에 아버지와 삼 형제가 살고 있었어. 그런데 이 아들들은 날이면 날마다 다투기만 하는 거야. 음식을 먹을 때면 "왜 형이 맛난 것을 다 먹느냐." 아버지가 심부름을 시키면 서로 미루면서 "왜 나한테만 시키느냐." 일을 하라고 해도 "왜 나만 힘들게 일해야 하느냐." 하면서 말이지. 이런 삼 형제를 보면서 아버지는 늘 걱정이었지. 이렇게 아들 걱정을 하던 아버지는 결국 병에 걸려 죽을 날이 머지않게 되었어. '아이고, 이제 나도 죽고 없을 텐데. 저렇게 매일 다투기만 하니 어쩌면 좋을꼬.' 탄식하던 아버지는 어느 날 싸리나무 가지를 잔뜩 꺾어 놓고 세 아들을 불렀어. 그러곤 "이 나뭇가지를 10개씩 부러트려 보거라." 하는 거야. 그러자 삼형제는 아주 간단하게 툭툭 부러트렸지. 아버지는 이번에는 싸리나무 가지 10개를 묶어 놓은 싸릿단을 부러트려 보라고 했지. 삼 형제는 이번에도 쉽게 부러질 거라 생각했지만 싸릿단은 쉽게 부러지지 않았어. 나중엔 힘을 쓰느라 얼굴까지 벌게졌지만 소용없었지. 그 모습을 지켜보던 아버지는 아들들에게 "매일 다투기만 하는 너희를 두고 이 세상을 떠나려니 도저히 마음이 놓이질 않는구나. 이 나뭇가지를 봐라. 하나씩 있을 때는 잘 부러지지만 이렇게 뭉쳐 놓으면 쉽게 부러지지 않는다. 내가 죽거든 너희 삼 형제가 묶어 놓은 싸릿단처럼 똘똘 뭉쳐 세상을 살아가길 바란다."고 말했어. 얼마 후 아버지는 세상을 떠났고 삼 형제는 아버지의 뜻을 깨닫고 서로 힘을 합해 잘 살아갔단다.

이런 이야기를 들으면서 형제간에 우의를 다지거나, 가족의 사랑을 느꼈던 것이다. 이야기 듣기는 이처럼 많은 장점을 가지고 있다. 그런데 요즘 아이들은 이런 기회가 많이 줄어든 것 같아 안타깝다. 물론 그 빈자리를 내용도 좋고 모양도 예쁜 책들이 메워 주고 있는 것도 사실이다. 하지만 상당 부분 TV, 컴퓨터, 게임 등에 밀려난 것 같아 더 아쉽다.

당연히 책을 많이 읽을수록 좋다. 하지만 책을 읽거나 남이 읽어 주는 것에서 느끼는 재미와 이야기를 듣는 재미는 다르다. 이야기 듣기는 자연스럽게 귀 기울여 듣는 습관을 길러 준다. 이뿐만이 아니라 누군가에게 이야기를 들려주는 사이 말솜씨도 좋아진다. 나는 부모님들이 아이들에게 이야기 들려주기도 책 읽어 주기만큼 중요하다는 것을 인식하고 두 가지를 함께 누릴 수 있도록 해주었으면 하는 바람이다.

:: 보다 효과적으로 '이야기'를 듣는 방법

① 등장인물을 생각하며 듣는다.

- 주인공은 누구인가?

- 주변 인물은 누구인가?

- 등장인물이 한 일은 무엇인가?

- 왜 그런 행동을 했나?

- 나라면 어떻게 했을까?

- 인물은 어떤 마음일까?

- 등장인물의 마음은 어떻게 변했나?

② 이야기의 순서를 생각하며 듣는다.

- 주인공에게 어떤 일이 벌어졌나?

- 그 일이 어떻게 진행되었나?

- 사건이 어떻게 해결되었나?

③ 자신의 경험을 떠올리며 듣는다.

- 주인공과 같은 경험을 한 적이 있는가?

'경험담 듣기'로
지식과 정보 획득법을 배워라

아이들에게 경험은 대단히 중요하다. 하지만 사람의 경험에는 한계가 있는 만큼, 이를 통해 얻을 수 있는 교훈과 정보, 지식 등에도 제한이 따른다. 다른 사람의 경험담은 아이에게 새로운 정보와 학습 통로를 제공한다.

우리는 일상 대화를 나누거나 수업을 받다가 혹은 TV나 신문, 잡지 등을 보면서 다른 사람의 경험담을 접하게 된다. 사실 일상 대화는 자기가 경험한 것을 화제로 삼는 경우가 많다.

영남 : 희연아, 너 어제 불낼 뻔했다며?

희연 : 응, 어떻게 알았어?

영남 : 오늘 아침에 너희 어머니께서 우리 집에 오셨는데. 그때 말씀하시는 걸 들었어.

희연 : 정말 큰일 날 뻔했어.

영남 : 도대체 무슨 일이 있었던 거니?

희연 : 어제 엄마가 외할머니 댁에 가셔서 안 계셨거든. 그래서 혼자 라면을 끓여 먹었어. 처음 끓여 보는 거라 걱정은 됐지만 설명서대로 하니까 아주 잘 끓여졌어. 게다가 내가 직접 끓여서 그런지 진짜 맛있더라. 그리고 감시하는 엄마도 안 계시니깐 마음대로 TV도 보고 컴퓨터도 하고 진짜 신나게 놀았어.

영남 : 그런데?

희연 : 저녁 무렵 엄마가 오셨어. 바로 저녁 준비를 하시려는지 부엌으로 가시더라. 그런데 갑자기 큰 소리로 나를 부르시는 거야. 빨리 와보라고. '내가 뭐 잘못했나?' 하고 깜짝 놀라서 가니까 엄마가 "누가 가스 불 썼냐."며 막 뭐라고 하시는 거야."

영남 : 그래서?

희연 : 내가 라면 끓여 먹었다고 했지. 그랬다가 얼마나 혼났는지 몰라.

영남 : 왜?

희연 : 내가 라면 냄비를 불에서 내리고 그만 가스레인지 끄는 것을 잊어버렸지 뭐니. 그래서 글쎄 몇 시간 동안 가스 불이 켜져 있었던 거야. 만약 행주나 종이 같은 거라도 가까이 있었으면 완전 집 홀랑 다 탈 뻔했어. 어휴~ 생각만 해도 끔찍하다.

영남 : 야, 진짜 큰일 날 뻔했구나. 우리 엄만 내가 너처럼 그럴까 봐 그런지 가스레인지 근처에도 못 가게 하셔.

희연 : 엄마 없이 라면 혼자 끓여 먹는다고 들떴다가 불낼 뻔했지.

희연이의 실수담을 들은 영남이는 나중에 주방에서 불을 사용하게 되면 꼭 불을 껐는지, 가스 밸브는 잘 잠궜는지 확인하게 될 것이다.

다른 사람의 경험을 통해 우리는 교훈을 배우기도 하고, 정보를 얻기도 한다. 재미있는 경험담을 들으면 기분이 즐겁고 상쾌해진다. 친구의 고민이나 슬픈 이야기를 들으면 같이 고민되고 슬퍼진다. 다른 사람의 이야기에 때로는 설레기도 하고, 때로는 속상해하기도 하는 것이다. 이렇게 우리는 경험을 나누고 공유하며 서로를 보다 깊이 이해한다. 그리고 이는 경험의 폭을 한층 넓혀 준다.

우리는 일상 대화에서 특별한 의도 없이 다른 사람의 경험담을 들을 때도 있지만 정보나 지식을 얻기 위해 남의 경험담을 찾아 들을 때도 있다. 예를 들어 강연회나 자서전 등을 통해 자신이 하고자 한 일을 앞서 이뤄 낸 사람의 이야기를 듣는 것이 바로 그것이다.

다른 사람의 경험담을 들을 때는 상대의 이야기에 공감하며 집중해야 한다. 그래야 말하는 이는 편하게 자신의 이야기를 할 수 있고 듣는 이도 자신이 필요한 정보를 얻거나 관계를 돈독히 할 수 있다.

:: 보다 효과적으로 '경험담'을 듣는 방법

① 사건의 전후, 인과 관계를 정확히 이해하며 듣는다.

- 무엇에 대한 이야기인가?

- 언제, 어디에서 일어난 일인가?

- 말하는 사람은 어떤 상황에 처해 있었는가?

- 왜 그런 행동을 했는가?

- 그래서 어떻게 되었나?

- 지금의 심정은 어떤가?

② 나라면 그때 어떻게 했을지 생각하며 듣는다.

- 나라면 어떤 행동을 했겠는가?

'나와 다른 의견 듣기'로
토론력을 높여라

자신과 다른 의견을 가진 사람의 이야기를 들으면서 주장의 타당성을 평가하고 자신의
의견과 비교하는 능력을 키울 수 있다.

사람들은 저마다 가지고 있는 생각과 의견이 다르다. 따라서 많은 사람이 함께 지내다 보면 그만큼 생각도 다양해져 의견이 충돌할 가능성이 높다. 이로 인해 자신의 생각을 효과적으로 전달함과 동시에 다른 사람의 의견을 받아들이는 과정은 대단히 중요하며, 그 대표적인 것이 바로 토의와 토론이다. 이때 자신의 주장을 잘 펼쳐 상대를 설득하는 것도 중요하지만 그보다 타인의 말에 주의를 기울여야 한다. 그래야 비로소 내 생각도 잘 전달할 수 있다.

그런데 아이들이 토론하는 과정을 유심히 지켜보면 이것이 제대로 지켜지지 않는다. 대부분의 아이들은 소리 높여 자신의 의견을 주장하기 바빠 정작 다른 사람의 말은 듣지 않는다. 하긴 TV 토

론 프로그램만 보더라도 이것이 얼마나 어려운 일인지 알 수 있다. 유명한 정치가나 학자라는 사람들이 토론한다고 나와 서로 자기 말만 하다 다툼을 벌이곤 하는 것이다.

동생 : 언니, 나는 급식 시간에 먹기 싫은 음식 좀 억지로 먹이지 말았으면 좋겠어. 우리 선생님은 꼭 음식을 다 먹었는지 확인해야 나가서 놀게 하시거든. 난 먹기 싫은 반찬을 억지로 먹느라 나가 놀지도 못해.

언니 : 하지만 그렇게 하지 않으면 아이들이 햄이나 치킨, 튀김 같은 것만 먹겠다고 서로 다투게 될걸. 게다가……!

동생 : 그렇지도 않아. 애들이 좋아하는 음식은 혹시라도 누가 더 많이 먹을까 봐 서로 감시해서 많이 가져갈 수도 없어. 그러니깐 그런 걱정은 안 해도 된단 말이야.

언니 : 언니 말 좀 들어 봐. 학교 급식은 너희들의 건강을 생각해 꼭 필요한 영양분을 골고루 섭취할 수 있도록 구성돼. 그런데 그중 먹고 싶은 것만 골라 먹으면 영양 균형이 깨지지 않겠어? 먹기 싫더라도 먹어 보려고 애써 봐. 그러다 보면 점점 맛있어질 거야. 편식 습관도 없어지고.

동생 : 무슨. 억지로 먹는데 어떻게 편식이 고쳐져. 난 억지로 먹으면 오히려 그 음식이 더 싫어지던데.

위의 대화에서 동생은 급식에 대해 불만을 토로하고 있다. 먹기 싫은 음식을 억지로 먹게 한다는 것이다. 하지만 언니는 이런 동생에게 먹기 싫어도 억지로 먹어야 한다고 설득하고 있다. 그리고 음식을 골고루 먹어야 하는 이유를 구체적으로 제시하고 있다. 그에 비해 동생은 언니가 하는 말을 가로채 말꼬리를 잡거나 떼를 쓰고 있다.

만약 동생이 언니가 아니라 선생님을 설득하는 중이었다면 분명히 설득에 실패했을 것이다. 의견이 다른 사람과 대화할 때는 타당한 근거를 제시해야 한다. 만약 주장을 뒷받침하는 근거가 충분치 않으면 상대를 설득시킬 수 없다.

아들 : 엄마, 저 귀걸이 사주세요.

엄마 : 뭐라고? 남자가 무슨 귀걸이니.

아들 : 여자만 귀걸이 하나요? 연예인들 보세요. 남자들도 요새 다 해요.

엄마 : 네가 연예인이니?

　　　얘가 하라는 공부는 안 하고 멋만 부리려고 해.

아들 : 귀걸이 한다고 공부 안 하는 거 아니잖아요.

엄마 : 얘, 시끄러. 너 숙제는 다했어? 단어는? 다 외웠니?

아들 : 엄마는 할 말 없으면 꼭 공부 공부 하더라.

귀걸이를 하고 싶다는 아들과 엄마의 대화는 결국 다툼으로 끝나고 말았다. 그 이유는 서로 상대방의 말은 무시하고 충분한 이유도 대지 않고 자신의 주장만 내세웠기 때문이다. 앞의 두 대화를

보더라도 나와 의견이 다른 사람과 대화를 나눌 때 어떻게 해야 하
는지 알 수 있다.

:: 보다 효과적으로 '의견이 다른 사람'과 대화하는 법

- 상대의 의견을 끝까지 주의 깊게 듣는다.

- 상대가 말할 때 끼어들지 않는다.

- 나와 다른 생각이 있을 수 있다는 것을 인정하고 존중하며 듣는다.

- 근거를 살피며 듣는다.

- 나와 어떻게 생각이 다른지 생각하며 듣는다.

- 타인의 생각이 옳다면 받아들인다.

- 사실과 의견을 구별하며 듣는다.

- 상대의 의견을 메모하며 듣는다. 단 주장과 근거를 구별하여 적는다.

예)

	주 장	근 거
언니	먹기 싫은 음식이라도 다 먹어야 한다.	- 골라 먹으면 좋아하는 것만 먹게 되어 영향의 균형이 깨진다. - 먹다 보면 편식 습관이 없어질 것이다. ➜ 내 생각 : 억지로 먹으면 더 싫어진다.
나	먹기 싫은 음식을 억지로 먹이지 말아야 한다.	- 먹기 싫은 음식을 먹느라 나가 놀지 못한다.

'설명하는 말 듣기'로 배경 지식을
활성화하는 법을 배워라

수업 등 필요한 지식이나 정보는 설명의 방식을 통해 전달된다. 따라서 설명하는 말 듣기는 효과적인 수강을 위해 반드시 익혀야 하는 능력이다.

다음은 정현이와 엄마의 전화 내용이다.

엄마 : 엄마 지금 문구점에 와 있는데, 필요한 거 있니?

정현 : 엄마, 그러면 저 필통 하나 사다 주세요.

엄마 : 그래, 어떤 걸로 사다 줄까?

정현 : 헝겊으로 된 것 말고, 플라스틱으로 된 거요. 음, 거울도 붙어 있고, 서랍도 달려 있었으면 좋겠어요. 크기는 큰 우유곽만 하고 밴드로 묶을 수 있고요. 참, 그림 유치하지 않은 걸로요. 빨간색도 싫어요.

엄마 : 어이구, 복잡하구나. 잠깐 기다려라. 메모 좀 하마. 다시 말해 봐.

정현 : …반복…

엄마의 메모

> 플라스틱, 거울, 서랍, 우유곽 크기, 밴드, 그림 유치 X, 빨강 X

과연 정현이의 엄마는 정현이가 원하는 필통을 샀을까? 수업 시간 선생님의 설명을 들을 때(학습을 위해 설명하는 말 듣기는 제 3장 '과목마다 수업 듣는 방법이 따로 있다'를 참조하기를 바란다), 어떤 물건의 사용법을 배울 때, 낯선 길 찾아가는 방법을 들을 때 등 우리는 일상생활에서 종종 남의 설명을 듣는다. 설명을 들을 때는 상상력을 동원해 자신이 알고 있는 것과 비교해 가며 듣게 된다. 설명에는 생소하여 어려운 것과 친숙하여 쉬운 것이 섞여 있다. 그런데 만약 그중에 자신이 아는 것이 하나도 없다면 무슨 말인지 전혀 알아듣지 못한다. 그래서 다른 듣기에 비해 배경 지식을 활성화하는 과정이 꼭 필요하다. 설명하는 사람 역시 상대의 배경 지식을 활용함으로써 이해를 높일 수 있다.

이해가 잘 안가거나 내용이 많을 경우 들은 것을 전부 기억하기란 어렵다. 이때 '메모하며 듣기'는 보조 기억 수단으로서의 역할을 톡톡히 한다.

그리고 설명을 반복해서 듣는 것보다 이를 그림으로 함축적으로 표현해 보거나, 설명대로 그대로 따라 해보는 것이 보다 효과적인 경우도 있다. 예를 들어 세탁기 사용법을 배우고 있다면, 이때는 메모하는 것보다 설명을 들으며 직접 세탁물을 세탁기에 집어넣고 작동해 보는 것이 훨씬 이해하기 쉽다. 이처럼 설명 내용에 따라 적합한 듣기 방법을 사용하는 것이 중요하다.

:: 보다 효과적으로 '설명하는 말' 듣는 법

- 설명하는 대상을 상상하며 듣는다.

- 설명하는 대상이 눈앞에 있을 때는 들으면서 대상물을 직접 보고 조

  작해 본다.

- 내가 알고 있는 것을 떠올리며 듣는다.

- 잘 모르는 것은 따로 표시해 두었다가 물어본다.

- 사실과 의견을 구별하며 듣는다.

- 중요한 내용은 메모하며 듣는다.

2.
일방적 듣기

일방적 듣기에서 가장 대표적인 '뉴스'와 '알리는 말' 듣기를 통해 내용의 중요도를 파악하여 집중하는 법을 익힐 수 있다. 또 이를 연습하는 사이, 판단력과 사고력이 향상되며 이렇게 얻은 정보를 적절히 활용하여 자신의 것으로 만들 수 있다.

듣기는 말하기와 더불어 상호 작용 하는 것이 일반적이다. 그러나 TV · 라디오 방송이나 안내 방송 등은 생방송이 아닌 한, 말하는 시점과 듣는 시점이 다르다. 말하는 이와 듣는 이가 같은 장소, 같은 시간에 존재하지 않는 것이다. 따라서 상호 작용이 불가능하며 '일방적 듣기'만 가능하다.

이렇게 일방적 듣기는 상호 작용 하며 듣기보다 더 각별한 주의를 요한다. 상호 작용 하며 들을 때는 질문하거나 설명을 여러 번 들을 수도 있다. 또 나와 의견이 다르다면 내 의견을 피력할 수도 있다. 그러나 일방적 듣기는 그럴 기회 없이 한 번의 듣기로 끝나기 때문에 더욱 특별히 신경 써 들어야 한다.

한편 기술이 발달하면서 수업 방식에도 다양한 변화가 일어났다. 기존에는 학습은 선생님과 학생이 한 공간에 있을 때 이루어지는 것이 일반적이었다. 그러나 과학의 발달로 아날로그적 수업 방식 외에도 점차 동영상·TV 교육 등 일방적 듣기능력을 요하는 수업 형태가 일반화되었다. 이로 인해 일방적 듣기능력이 학습에 차지하는 영향력이 커지게 되었다.

이번 장에서는 우리 주변에서 흔히 접하는 '일방적 듣기' 상황을 통한 효과적인 듣기 연습과 듣기 요령을 알려 주고 있다. 이는 새로워진 학습 방식에도 활용할 수 있다.

'뉴스 듣기'로 배경 지식과 사고력을 높여라

아이는 라디오, 신문 등의 매체를 통해 세상에 대한 눈을 뜬다. 그리고 이는 배경 지식을 확장시키며 생각의 폭을 넓혀 준다. 초등 5학년 때부터 뉴스를 듣는 습관을 길러 줘야 한다.

TV에서 아이들이 즐겨 먹는 군것질거리에 유해 색소가 들어 있어 건강을 위협한다는 내용의 뉴스가 방송되었다. 리포터는 학교 근처 문구점에서 파는 화려한 색깔의 사탕을 소개하면서 유해 색소가 얼마나 들었는지 강조한다. 그리고 전문가 입을 통해 유해 색소가 아이들에게 얼마나 심각한 영향을 미치는지 알린다. 믿음직스러워 보이는 아나운서는 정색을 하면서 관련 뉴스에 대해 다시 한 번 정리하여 알려 준다.

이 뉴스를 들었다면 '그 사탕들은 건강에 좋지 않으니 먹지 말아라.' 하고 수십 번 말해도 듣는 둥 마는 둥 하던 아이라도 최소한 며칠 동안 먹지 않게 될 것이다. 그렇지 않더라도 적어도 죄책감을 느끼며 먹을 것이다. 그만큼 방송에서 전하는 뉴스는 아이들에게 엄청난 영향력을 발휘한다.

신문, TV 등 각종 매체를 통해 우리는 앉은 자리에서 세상사에 대한 정보를 얻는다. 우리에게 세상을 보여 주는 천리경인 셈이다. 아이가 초등학교 5학년 정도가 되면 이러한 매체와 자연스럽게 접할 수 있도록 해야 한다. 어린이 신문에서 차츰 어른 신문을 볼 수 있도록 유도하며 TV나 라디오 뉴스 정도는 듣게 한다.[1] 이것은 아이에게 내가 사는 세상에서 어떤 일들이 일어나고 있는지 알려 준다. 이뿐만 아니라 배경 지식을 쌓아 주고 생각의 폭과 깊이를 더해 준다.

하지만 뉴스가 아이에게 세상에 대한 견문을 넓혀 준다고 해서, 무작정 듣게 한다고 저절로 들을 수 있는 것은 아니다. 뉴스는 일상 사건·사고를 비롯 정치, 과학 등의 전문 분야까지 다양한 분야의 소식을 전한다. 이때 사건과 관련된 전후 사정이나 전문 용어, 지식 등을 알고 있어야만 보다 정확하게 이해할 수 있다. 이는 아이에게 상당히 벅찬 일이다. 이것은 아이가 처음 어른 신문을 보기 시작할 때 겪는 어려움과 같다. 신문 읽기를 시작할 때 신문에 등장하는 어려운 용어들을 익힐 수 있도록 도와주고 배경 설명을 해 주는 것처럼 뉴스도 마찬가지이다. 아이가 제대로 들을 수 있게 될 때까지 부모의 도움이 필요하다.

신문을 읽으면서 뉴스를 듣게 하면 이해 속도가 빨라지고 관심

---

1) 귀로 듣는 것만이 아니라 교육 방송이나 뉴스를 보고 듣는 것도 편의상 듣기로 표기한다.

도 높아진다. 그러다 보면 차츰 조금씩 아는 것이 생기고, 아는 것이 늘수록 흥미와 재미도 높아져 더 많은 것을 알고 싶어한다. 이를 통해 이 세상의 어엿한 주인으로 성장해 가게 된다.

뉴스를 들을 때도 신문을 읽을 때와 마찬가지로 유의할 점이 있다. 신문사별로 성향과 입장이 다른 것처럼, 뉴스 또한 방송사별로 사건을 바라보는 시선이 다를 수 있다. 그렇기 때문에 뉴스를 들을 때도 어떤 것이 사실이고, 어떤 것이 의견인지 구별해 가며 들을 수 있도록 이끌어 줘야 한다. 똑같은 사실이라도 시간 배경, 리포터의 억양, 인터뷰 상대 그리고 다루는 중요도에 따라 듣는 이의 판단에 영향을 미칠 수 있기 때문이다.

:: 보다 효과적으로 '뉴스'를 듣는 법

- 방송사의 의도를 파악하며 듣는다.
- 사실과 의견을 구별하며 듣는다.
- 육하원칙에 따라 사건을 파악하며 듣는다.
- TV 뉴스일 경우 표제와 내용의 연관성을 생각하며 듣는다.
- 과장, 오보 없이 사실에 입각한 기사인지 판단하며 듣는다.
- 어려운 단어는 따로 시간을 내어 익힌다.
- 필요하면 관련 신문을 읽어 이해의 폭을 넓힌다.
- 뉴스를 들은 후, 사건에 대해 자신의 생각을 정리해 의견을 나누는 기회를 갖는다.

'알리는 말 듣기'로 요점 파악하여 메모하는 능력을 높여라

알리는 말에는 말하는 이가 듣는 이에게 전하고자 하는 뚜렷한 메시지가 담겨 있다. 따라서 알리는 말은 절대 흘려듣지 말고 요점이 무엇인지 파악하며 듣는 것이 중요하다.

얼마 전 민성이가 사는 아파트는 저수조 청소를 위해 단수를 했다. 그날 민성이네는 하마터면 준비를 못할 뻔했다. 그것은 바로 민성이가 이야기를 잘못 전달해서 단수 시간을 착각할 뻔했기 때문이다.

사건의 경위는 이렇다. 민성이의 엄마가 시장에 장을 보러 간 사이, 관리실에서 다음과 같은 안내 방송을 하였다.

띵동 띵동

관리실에서 안내 말씀 전하겠습니다. 옥상에 있는 저수조 청소를 위해 6월 12일 오전 9시부터 6월 13일 오후 6시까지 단수 조치 하게 되었음을 알려드립니다. 입주자 여러분의 불편을 최소화하기 위해 빠른 시일 내에 급

수할 수 있도록 조치하겠습니다. 다시 한 번 안내 말씀 전하겠습니다. (……) 이상 관리실에서 알려드렸습니다.

엄마가 돌아오자 민성이는 오늘부터 물이 안 나온다는 소식을 전했다. 뜬금없는 이야기에 이유를 묻자 민성이는 그저 "무슨 청소 한대요. 6시부터 한다고 하던대요."라고만 대답했다. 그때가 5시였던지라 당황한 엄마가 언제까지 단수된다고 하더냐며 물어보았다. 그러자 민성이는 저녁에는 다시 물이 나온다던대 하고 대답했다. 막연히 저녁이라고 말하는 민성이가 답답하여 민성이의 엄마는 관리실에 전화해 다시 확인했다.

아이는 분명 아파트 관리 사무실의 안내 방송을 들었지만 엄마에게 제대로 된 정보를 전하지 못했다. 뭔가 다른 일에 집중하고 있었거나 듣기는 잘 들었지만 잘 기억이 안 나 올바로 전달하지 못했을 수도 있다. 단수라는 말에 언제 다시 물이 나오는지에만 집중하느라 6시라는 말만 기억하여, 이것이 시작 시간인지 끝나는 시간인지 알지 못했을 수도 있다.

알리는 말에는 뚜렷한 요지가 있다. 이는 말하는 이가 듣는 이에게 알려야 할 필요가 있어서 하는 말이기 때문이다. 따라서 알리는 말을 들을 때는 말하는 이의 요지에 집중해야 한다. 그냥 스치듯 흘려듣지 말고 전달하려는 말이 무엇인지 집중해 들어야 한다. 게다가 전달받은 내용을 다른 사람에게 전할 때를 대비해 메모는 필수라 할 수 있다.

– 물탱크 청소

– 6월 12일 오전 9시~6월 13일 오후 6까지

민성이가 위와 같이 메모해 놓았다면 엄마에게 올바른 정보를 전달할 수 있었을 것이다. 그리고 엄마가 관리실에 확인 전화하는 번거로움을 덜 수 있었을 것이다. 이런 알리는 말은 보통 두 번 정도 반복한다. 처음 듣고 '아, 중요한 내용이구나.'라는 판단이 서면 얼른 메모지를 준비해 알림 방송이 다시 나올 때 간단히 메모하면 된다.

아이에게 이것이 그리 힘든 일은 아니지만, 그렇다고 처음부터 능숙하게 행하기란 어렵다. 평소 부모가 이런 습관을 들일 수 있도록 도와줘야 한다.

✱ 보다 효과적으로 '알리는 말'을 듣는 법

– 알리는 내용에 집중하며 듣는다.

– 알리는 말의 세부 사항을 메모한다.

– 다른 사람에게 전할 때는 개인적인 생각과 의견을 배제하고 들은 내용만 전달한다.

6장

아이의 듣기 문제 이렇게 고쳐라!

−듣기능력 부족이 초래한 대표적 유형 3가지

수업 중에 자꾸만 딴생각을 하는 아이
똑똑하지만 남의 말을 귀담아듣지 않는 아이
대화 주제와 상관없는 이야기를 하는 아이

수업 중에 자꾸만
딴생각을 하는 아이

아무리 과외를 시키고 학원을 보내도 성적은 바닥이고, 말하기까지 어눌하다면 부모는 아이의 능력 자체를 의심하고 끊임없이 참견하여 개선시키려 한다. 하지만 이것은 근본적인 문제 해결책이 아니다.

중학교 2학년 여름방학에 만난 경수는 성적이 평균 60점을 넘어 본 적이 없다고 한다.

초등학교 때와 달리 중학생이 되면서 갑자기 성적이 나빠진 아이들이 많지만 경수는 초등학교 때도 그다지 성적이 좋지 않았다. 초등 3학년 때부터 학원과 과외를 꾸준히 해왔지만, 이러한 노력에 비해 만족할 만한 결과를 얻지 못했다. 하지만 그만두면 그나마 이 정도의 실력도 유지하지 못할까 봐 지금까지 계속하고 있다.

문제는 성적도 성적이지만, 아이가 매사에 자신감을 잃은데다 부모와의 관계마저 나빠진 것이다. 경수는 과외까지 받아 가며 아무리 열심히 공부해도 성적은 오르지 않으니 쉬고 싶어도 눈치 보느라 마음대로 쉬지 못해 스트레스 받는다고 호소했다.

힘들어하는 경수를 위로하고, 용기를 줄 필요가 있었다. "그래, 많이 힘들겠구나. 이제부터 확실히 공부하고, 쉴 땐 떳떳하게 맘 편히 쉬도록 하자. 어때?" 하고 말했다. 경수는 "네." 하고 대답은 했지만 그다지 확신을 갖는 것처럼 보이진 않았다.

문제의 원인을 파악하기 위해 경수와 수차례 이야기를 나누며 몇 가지 테스트를 해보았다. 우선 수업 중에 친구들과 떠들고 장난치거나, 혹은 졸지는 않는지 물었다. 잘못된 수업 태도로 성적이 나쁜 것은 아닐까 생각한 것이다. 그런데 경수의 말이 전혀 떠들지도 않으며, 친구들이 옆에서 졸아도 자기는 절대 안 잔다는 것이다. 그리고 이렇게 덧붙였다.

"딴짓을 하진 않는데, 수업 중 저도 모르게 딴생각을 하게 되요. 열심히 수업 듣고 있다고 생각했는데, 문득 보면 멍하니 앉아 있거나 생각이 딴 데 가 있는 저를 발견하곤 해요."

수업 태도가 그다지 나쁘지 않은 경수가 성적이 나쁜 확실한 이유는 바로 수업에 집중을 못하는 것이었다. 나는 경수에게 다시 물었다. "수업에 집중이 잘 안 되니? 왜 그런 것 같니?" 그러자 열심히 듣는다고 듣는데 도무지 선생님이 무슨 말씀을 하는지 이해가 안 간다는 것이었다. 그러다 보니 자꾸만 멍해진다고 말했다.

다시 말해 경수는 듣기능력이 부족한 것이다. 그렇기 때문에 아무리 선생님이 설명해 줘도 이를 이해하지 못할 뿐 아니라, 선생님과 한 공간에 있음에도 불구하고 수업에 참여하지 못하고 멍하니 앉아 있게 되는 것이다.

경수처럼 설명을 듣고 이해하는 능력이 부족한 아이는 일반적으로 정보를 눈으로 읽고 이해하는 능력, 즉 읽기능력도 자기 학년 수준 이하일 가능성이 높다. 진단 결과 예상했던 대로 읽기능력은 4학년, 듣기능력[1]은 잘 봐줘 겨우 3학년 수준에 불과했다. 현재 중학교 2학년임을 감안할 때 현저히 낮은 수준이다.

특히 들은 내용을 어느 정도 기억하고 있는지 회상능력을 검사하자, 정보성 글은 30%도 기억해 내지 못했다. 이야기 글은 중심 인물과 사건을 따라 듣고 기억해 내면 되기 때문인지 그나마 50% 가까이 기억해 냈다. 그러나 정보성 글은 중요한 내용이나 어려운 부분을 기억하려 하다가 오히려 다음 내용을 놓치거나, 심한 경우 듣기 자체를 포기해 버려 듣기능력이 더 낮게 평가되었다.

경수의 엄마가 느끼는 문제는 이뿐만이 아니었다.

"말할 때도 보면 '저 아이가 중학교 2학년이 맞나?' 싶을 정도로 사용하는 어휘도 유치하고 생각없이 말을 내뱉곤 해요. 초등학교 1학년과 3학년 사촌동생과 놀 때 보면 누가 초등학생이고 누가 중학생인지 어떤 때는 동생들이 하는 말이 더 어른스럽다니까요. 그러다 보니 자꾸 핀잔주게 되고 이래저래 관계만 나빠지는 것 같아요."

경수의 가장 큰 문제는 또래 수준보다 현저히 낮은 듣기능력과 읽기능력으로 인한 성적 저하였다. 이외 빈약한 어휘력과 유치한

---

1) 현재 듣기능력을 진단할 수 있는 평가 도구가 개발되지 않았기 때문에 여기서는 초등학교 듣기 교과서의 지문을 이용해, 사실적 이해능력과 추론적 이해능력을 평가했음을 밝힌다.

대화 수준 그리고 악화된 가족 관계도 문제였다. 하지만 읽기능력과 듣기능력이 좋아지면 자존감이 올라가 저절로 가족 관계도 개선되고 말투도 어른스러워질 것이다.

: : 문제 해결하기

경수처럼 듣기능력, 읽기능력이 현저히 자기 학년 수준보다 떨어질 때는 현재 자신의 수준에서 출발해 차근차근 능력을 올려 가는 것이 일반적인 방법이다. 그러나 경수는 이미 중학교 2학년이고 더 이상 시간을 끌었다가는 일반 고등학교 진학에도 문제가 생길 수 있다. 그렇기 때문에 수업 중 선생님의 설명을 잘 듣고 이해하는 것을 최우선 목표로 삼았다.

이를 위해 제일 먼저 수업 내용과 관련된 배경 지식을 넓히는 데 힘을 기울였다. 그래야 선생님의 설명 중 조금이라도 아는 말이 나올 것이고, 그것을 단서 삼아 다른 내용도 이해해 보고자 노력하게 될 테니 말이다. 그리고 배경 지식을 뒷심 삼아 읽기능력과 듣기능력의 신장을 동시에 꾀했다.

우선 경수가 제일 어려워하면서도 해보겠다고 욕심을 내는 과학 과목부터 시작했다.

1) 배경 지식 넓히기

① 초등학교 교과 과정 다시 보기

중학교 과학은 이미 초등학교 때 배운 내용을 좀 더 체계적으로 심화한 것이다. 그렇기 때문에 초등학교 때 배운 과학을 충분히 기억하고 있다면 그다지 어렵지 않게 학습할 수 있다. 그러나 집중해서 수업 듣고 공부하는 능력이 부족한 경수가 초등학교 때 배운 내용을 알고 있을 리가 없었다. 그래서 앞으로 학습할 내용과 관련하여 초등학교 교과서를 다시 공부하기로 했다.

이 과정은 지난 교과 과정을 다시 배운다기보다 배경 지식을 구축하기 위해 주요 개념어를 익히는 선이어야 한다. 그것을 단서 삼아 현 단계의 교과서를 보거나, 수업을 들을 때 낯선 느낌을 없앨 수 있다.

초등 교과서를 본 경수의 첫 반응은 "왜 초등학교 책을 봐요?" "이건 쉬울 것 같아요."였다. 하지만 막상 공부를 시작한 경수는 초등학교 과정도 알고 있는 것이 별로 없다는 걸 깨닫고 아주 열심히 노력하는 모습을 보였다. 그래서 별 어려움 없이 주요 개념들을 익힐 수 있었다. 이때 교과서에 자세한 설명이 없어 참고서의 도움을 받았다.

② 자기 학년 교과서 미리 훑어보기

초등 교과서를 이용해 개념어를 익힌 후 지금 교과서에서 다음 시간에 배울 부분을 미리 훑어보게 하였다. 그리고 자신이 아는 개념에 표시하도록 했다. 이때 목적은 철저한 예습이 아니라, 수업 시간에 설명을 잘 알아듣기 위한 단서 마련, 즉 배경 지식을 확보하기 위함이다.

2) 듣기능력 올리기(EBS 활용 / 집중해서 듣기)

이제 수업을 듣기 위한 배경 지식은 어느 정도 마련되었다. 그러나 경수가 수업을 집중하여 듣기 위해서는 배경 지식만으로는 부족하다. 이미 수업 시간에 딴생각하는 것이 습관화되었기 때문이다. 이를 위해 집중하는 연습을 해야 했다. 그래서 선택한 방법이 교육 방송(EBS) 듣기이다. 교실과 유사한 세트장에서 강사가 나와 강의하는데다 썩 재미있지 않다는 점에서 학교 수업과 유사해, 수업 시간에 집중하여 듣는 연습에 아주 적합하다.

다음은 교육 방송을 이용한 듣기 연습 과정이다.

① 아무런 안내 없이 교육 방송 듣기

많은 수업 중 먼저 개념어를 사전에 익혀 배경 지식을 갖고 있는 수업 과정을 선택했다. 그리고 우선 어떻게 들으라는 안내 없이 방송을 보도록 했다. 그러자 경수는 멀뚱히 방송을 보는가 싶더니 졸기 시작했다. 방송이 끝난 후, 기억나는 부분이 있냐고 물었다. 딱히 생각나는 게 없는지 미안한 듯 웃었다.

② 5분 단위로 끊어 듣기

경수의 모습을 관찰해 보니 강의가 본론으로 들어가기도 전에 초점이 흐려지는 것을 알 수 있었다. 기본 지식을 익혀 전혀 모르는 내용도 아니기 때문에 어느 정도 집중할 수 있으리라 기대했는데 아니었다. 물론 방송 강의가 역동성이 떨어져 실제 수업보다 지루하다는 점을 감안하더라도 집중 시간이 너무 짧았다. 그래서 방법을 강구했다. 강의 내용을 고려해 3~5분을 한 단위로 '끊어 듣기'를 시도했다. 우선 경수에게 한 단위를 들려주고 생각나는 대로 정리해 말하게 했다. 그 후 몇 가지의 질문을 던졌다. 그리고 또 한 단위를 들은 후, 이번엔 앞서 들은 부분에 대해서도 질문했다. 이렇게 들은 내용을 확인하며 듣는 방법은 내용의 이해를 보다 심화시키는 장점이 있다.

처음에는 3~5분도 지루해하고 내용도 잘 기억하지 못했다. 끊고 확인하는 과정을 반복하자 차츰 5분 단위에 적응해 나갔다. 그리고 경수는 현재 집중해서 듣는 능력이 많이 향상되어 10분 단위로 강의를 듣고 있다.

③ 정지하고 메모하며 듣기

경수와 교육 방송을 들을 때는 교재를 사용하지 않는다. 온전히 듣고 이해하는 능력을 길러 주기 위해 듣기에만 의지하도록 하기 위해서이다. 대신 '5분 끊어 듣기'에 적응해 갈 때쯤 '필기하며 듣기'를 시도했다. 교육 방송은 중간 중간 중요한 내용은 따로 정리해 화면에 띄우며 강의한다. 이때 잠시 화면을 정지시켜 놓고 그것을 노트에 정리하며 듣게 했다. 그리고 강의가 끝나면 필기 내용을 보고 다시 한 번 설명해 보도록 했다.

④ 메모하며 듣기

이미 정리된 내용을 받아 적는 것에서 한 단계 발전시켰다. 기존과 달리 교재를 준비해(교재에는 주요 내용이 정리되어 있기 때문에 ③ 단계의 필기하며 듣기는 생략한다) 강사의 설명을 필기하며 듣도록 했다. 이때 교재에 있는 내용은 필기하지 않는다.

경수의 지도를 맡은 지 한 달이 조금 지나서부터 이 방법을 시도하였다. 아직 그 정도의 실력을 갖추진 못했지만, 이해가 안 가더라도 일단 강사의 말을 들리는 대로 필기하게 했다.

물론 처음엔 자기가 봐도 무슨 말인지 모를 정도로 몇 글자 긁적이는 수준이었다. 하지만 조금씩 개선되어 7개월이 지난 지금은 수업 내용 중 70%는 알아들을 수 있게 되었다.

그동안 열심히 노력한 덕분인지 지난 2학기 중간고사에서는 드디어 평균 점수가 70점을 넘었다고 좋아했다. 처음 만났을 때 듣기능력 3학년, 읽기능력 4학년 수준이었던 것을 떠올리면 경수가 그동안 얼마나 노력했는지 알 수 있다.

똑똑하지만 남의 말을
귀담아듣지 않는 아이

"아니, 그냥 그렇다고." "그러니깐 ~라고요." 묻는 말에 엉뚱한 얘기를 하고 자신의 말만 툭 내뱉는다면, 아이의 말버릇이겠거니 하고 가볍게 넘겨서는 안 된다.

초등학교 5학년인 서진이는 내가 지도하는 독서논술 그룹의 아이들 중 한 명이다. 서진이의 듣기능력 진단 결과는 자기 학년 수준이지만 관찰해 보면 듣기능력이 좋다고는 할 수 없다. 듣고 이해하는 능력이 떨어지는 것은 아니다. 하지만 제대로 듣지 않기 때문에 항상 시험에서 몇 개씩 틀렸다. 이보다 더 문제인 것은 '관계적 듣기상대방과 상호 작용 하며 이야기를 주고받는 듣기'가 잘 안 된다는 것이다.

학교에서 서진이는 걸스카웃의 회장이며 성적이 좋은지 특목고 입학을 목표로 하고 있다. 두꺼운 영어책을 가져와 읽는 것으로 보아 영어도 수준급인 것 같았다. 그래서 제법 야무지고 똑똑할 거라는 기대를 가지고 서진이를 만났다. 그런데 수업을 하면서 내가 관찰한 서진이는 좀 달랐다. 질문을 하면 "뭐라구요?" 하며 되묻기 일쑤이고, 대답을 하더라도 두서없이 대답한다. 아니면 "우리 엄마가요~." "학교에서요~." 하며 질문과 관계없는 얘기를 하거나 깔깔거리며 웃어 버린다.

토의 수업 중에도 주제에 벗어난 이야기로 화제를 바꿔 버리곤 한다. "그러니까 ~라고요."라며 같은 주장을 반복하고, 맥락과 관계없이 상대의 말에 꼬투리를 잡는다. 친구들과 대화할 때도 자기 생각 위주로 말을 이끌어 간다. 만약 상대가 못 알아듣는 것 같으면 "아, 그냥 그렇다고. 알았지?" 하며 얼버무린다.

독서논술 수업은 여럿이 함께하는 공부이다. 자꾸 화제를 돌리고 자기주장만 펴는 서진이로 인해 수업이 제대로 진행되지 않았다. 서진이의 엄마 말에 의하면 수학과 영어는 고등학교 과정을 배우고 있다고 한다. 그 정도라면 듣고 이해하는 능력이 떨어지는 것은 아닐 텐데 왜 질문에 적절한 답을 못하고 자기 말만 하는 걸까? 왜, 준비물을 일러 주면 깜박했다고 하는 거지? 왜 상황에 관계없이 자기 위주로 말하는 걸까? 그랬다. 단순히 듣고 이해하는 능력이 문제가 아니었다. 단지 때에 따라 자기가 듣고 싶은 것만 골라 들으며, 대화할 때 상대의 말에 귀 기울이는 능력, 즉 관계적 듣기 능력이 떨어지는 것이었다.

: : 문제 해결하기

서진이 같은 경우는 유심히 살펴보지 않으면 상당히 똑똑해 보인다. 그래서 문제를 발견하기 어려울 수도 있다. 다행히 지금이라도 발견되었으니 반드시 고쳐야 한다. 그대로 방치하면 학년이 올라갈수록 성적이 불안해질 것이다. 기분이나 관심에 따라 듣기능력이 달라진다면 어떻게 좋은 성적을 기대할 수 있겠는가? 대인관계에서도 문제가 생길 가능성이 높다. 누가 상황에 맞지 않게 자기 얘기만 하는 사람을 좋아하겠는가? 성인이 되어 사회생활을 하다 보면 협의할 일도 많고, 회의니 토론이니 관계적 듣기능력이 필요할 때가 많을 텐데, 이대로 두면 안 되겠다 싶었다.

서진이의 경우, '네가 집중해서 듣지 않으면 이러이러하다.' 하며 말해 주는 방법은 그다지 효과적이지 못하다. 그 대신 귀 기울여 듣는 것이 얼마나 중요한지 스스로 깨닫게 해야 한다.

1) 경청 경험하기

'경청 경험하기' 란 남이 내 얘기를 잘 들어 줄 때와 그렇지 않고 딴짓할 때 각각 어떤 기분이 드는지 직접 경험해 봄으로써 경청의 중요성을 느끼게 하는 방법이다. 그 과정을 소개하면 다음과 같다.

① 토론하기 전 미리 한 아이(A)에게 특정 아이(B)가 말할 때 딴짓을 하도록 한다.

② 토론을 시작하기 전 다른 사람이 말할 때 잘 들어야 한다고 강조한다. 그리고 A와 B를 토론시킨다.

③ B가 이야기를 시작하자, A는 지시대로 딴짓을 한다.

④ 이후, A 대신 지시를 받지 않은 아이(C)와 상대를 바꿔 B와 토론 시킨다.C는 B의 이야기를 경청한다.

⑤ 토론이 끝난 후 상대방에 대해 서로 어떻게 느꼈는지 얘기한다.

이 방법을 서진이와 친구들에게 적용해 보았다. 남의 이야기를 귀담아듣지 않는 서진이도 경청이 중요하다고 강조하자, 친구 이야기에 집중하려는 노력을 보였다. 그리고 자신의 이야기에 집중하는 친구와는 원활히 토론한 데 반해 딴짓하는 친구와 토론할 때는 화를 내었다. 토론이 모두 끝난 이후 서로 느낀 점을 얘기하는 시간을 가졌다. 그리고 일부러 얘기할 때 딴짓하게 했다는 사실을 서진이에게 알려 주며 기분을 물어보았다. 서진이는 첫 번째 친구는 자기 말을 안 듣고 무시하는 것 같아 화가 났지만 다른 친구는 자기 얘기를 잘 들어 줘서 아주 좋았다고 말했다.

'경청 경험하기'를 통해 서진이는 상대방이 자신의 이야기에 귀 기울이지 않으면 기분 나쁘다는 것을 느꼈다. 그리고 자신도 다른 사람이 말할 때 잘 들어야겠다고 다짐했다.

2) 경청 연습하기

경청의 자세가 중요하다는 것을 깨달았다 해도 그 즉시 실천할 수 있는 것은 아니다. 그래서 경청 연습을 시도하였다.

① 말하는 사람과 눈 맞추기

말하는 이와 시선을 맞추는 것은 관심 있다는 표시이다.

서진이와 아이들에게 미소를 지으며 말하는 친구와 시선을 맞추라고 하자 처음에는 마주 보고 웃음보를 터트렸다. 하지만 이내 진지하게 서로 눈을 맞추는 연습을 했다.

② 관심 표현하는 몸짓하기

말하는 이에게 살짝 몸을 기울이고 고개를 끄덕인다. 때로는 박수를 치거나 가볍게 상대의 몸을 건드리기도 한다. 이런 행동은 말하는 이로 하여금 '저 사람이 내가 하는 이야기에 관심을 갖고 긍정적으로 듣고 있구나.' 하는 생각을 하게 한다.

③ 반응 보이기

이것은 '응.' '그래.' '아하!' '그렇구나.' 하며 상대의 말에 맞장구치는 것이다. 이는 '내가 네 말을 잘 듣고 있어.' '나도 그렇게 생각해.'라는 긍정적 메시지를 전달한다. 신이 난 상대방은 더욱 적극적으로 말하게 된다. 적극적으로 듣는 이가 적극적으로 말하는 이를 만드는 것이다.

아이들과 함께 위 과정을 연습하고 상대가 이 같은 반응을 보였을 때, 어떤 기분이 들었는지 말하는 시간을 가졌다. 그랬더니 모든 아이들이 친구가 자신의 말에 귀 기울이며 공감하고 있다는 느낌을 받았다고 했다. 원래는 타인의 말을 잘 듣지 않는 서진이를 위해 계획한 과정이었지만 다른 친구들도 함께하면서 경청의 중요성을 인식하게 되는 계기가 되었다.

그 후 서진이와 친구들은 딴짓하는 친구에게 경청을 요구할 때는 "빵빵" 하고 신호를 주기로 했다. 그러는 사이 남의 이야기는 듣지 않고 자기주장만 하던 서진이의 모습도 조금씩 개선되었다. 그리고 토론 시간에 주제에서 벗어난 이야기를 하는 것도 많이 줄어들었다.

대화 주제와 상관없는
이야기를 하는 아이

아이가 친구와 노는 모습을 유심히 살펴봐야 한다. 친구와 어울리는 모습을 통해 아이의 문제점을 발견할 수 있다.

영식이는 초등학교 2학년이다. 영식이의 엄마는 아들이 언제나 친구들에게 무시 당하는 것 같아 고민이 많다. 영식이의 엄마는 우연히 영식이가 친구들과 노는 모습을 보게 되었다. 그런데 친구들이 "야, 그게 아니거든." "넌, 무슨 잘 알지도 못하면서 끼어드냐?" "야, 넌 좀 빠져." 해가며 영식이의 말은 듣지도 않고 대놓고 무시하는 것이 아닌가. 속에서는 천불이 나 당장 아이들을 혼내고 싶었지만 꾹 참았다. 그리고 한참 후 집에 들어온 영식이에게 전후 사정을 물었다. 그러자 "애들이 내가 말하면 막 들어 주지도 않고 화부터 내." 하는 것이 아닌가. '이런 속없는 녀석. 그럼 놀지 말 것이지.' 하는 생각이 들었지만 '그렇다고 놀지 않은들 어쩌랴 그럼 외톨이가 될 텐데.' 하는 마음에 그렇게 말할 수도 없었다.

그래서 친구들이 도대체 왜 그러는 것인지 친구들 엄마에게 협조를 구해 알아보았다. 그랬더니 축구나 게임할 때는 아무 문제없이 어울려 노는데, 영식이가 말만 하면 그런 취급을 받는다는 것을 알게 되었다. 영식이가 자기네 말은 안 듣고 자기 말만 한다나? 곰곰이 생각해 보니 사실 영식이의 엄마도 영식이와 말할 때 답답한 적이 한두 번이 아니었다. 무슨 말을 하면 한번에 못 알아듣고 "엄마, 뭐라고요?" 하고 되물었다. TV 볼 때도 자꾸 저 사람이 뭐라고 했냐고 물어봐 짜증스러웠던 기억이 있다. 그러고 보니 심부름을 시켰을 때 가끔 엉뚱한 물건을 사오기도 하고, 학교에서 전달사항이 있어도 제대로 전달한 적이 없었다. 아무래도 말을 조리 있게 하지 못하는 것 같았다.

영식이의 엄마와 이야기를 나눈 후 영식이를 만나 보았다. 과연 영식이와 얘기하는 동안 "영식아, 선생님 봐. 잘 들어 봐." 하는 소리를 자주 해야 했다. 대답도 단답식으로 할 뿐 제대로 된 문장으로 답하지 못했다.

영식이는 여섯 살까지 강원도에 있는 할머니 집에서 자라다 일곱 살 때부터 서울에 올라와 같이 살았다고 한다. 부모님이 식당을 운영하여 아이를 잠시 맡겼던 것이다. 농사짓는 할머니는 물론 손자를 아끼고 예뻐했지만, 잘 먹이고 다치지 않게 보살피는 정도였다. 시골이라 또래 친구도 없어 영식이는 TV를 보거나 할머니를 쫓아다니며 자랐다. 얘기 상대가 없어서인지 말도 다른 아이들보다 늦게 텄다. 할머니와 하는 대화라고 해야 "영식아, 밥 먹어라." "에구, 우리 강아지." "씻자." 그 정도 수준이었으니 듣기, 말하기 연습을 충분히 할 수 있는 상황이 아니었다. TV를 보긴 했지만 그 것은 어디까지나 쌍방향이 아닌 일방적 듣기이기 때문에 혹시 잘 못 들었거나 제대로 이해하지 못했다 하더라도 이를 바로잡을 기 회가 없었다.

: : 문제 해결하기

환경적으로 듣고 말하기를 제대로 배울 수 없었던 영식이가 친 구들과 놀거나 대화를 나눌 때 적절히 말하지 못하는 것은 어찌 보 면 당연하다. 그러나 이대로 두었다가는 학업에도 뒤처지고, 친구 도 잃고 외톨이가 될지도 모른다. 그래서 듣는 귀가 트일 수 있는 몇 가지 방법을 영식이의 엄마에게 소개해 주었다.

1) 놀이하며 귀 기울이기 연습하기

어렸을 때 종종 하던 놀이 중에는 상대가 하는 말을 잘 들어야 하는 것들이 많다. 예를 들어 '수수께끼', '스무고개', '끝말잇기' 등이 그것이다. 가족이 모여 즐겁게 놀이하는 동안 저절로 귀 기울 여 듣는 연습을 할 수 있다.

2) 말 편지 전달하기

이것은 적어도 3명이 있어야 가능한 놀이이다. 첫 번째 사람이 두 번째 사람에게 귓속말을 하면 잘 듣고 그대로 다음 사람에게 전한다. 마지막 사람은 자기가 들은 대로 쪽지에 써서 첫 번째 사람에게 전달한다. 이 놀이는 귀 기울여 듣고, 정확하게 전달하는 능력을 동시에 연습할 수 있다. 특히 귓속말은 신경을 집중시켜 듣게 되기 때문에 듣기 훈련에 아주 좋다.

영식이네는 이 놀이를 통해 그동안 서로 쑥스러워 잘 하지 못했던 칭찬하기, 사랑하는 마음 전하기 등을 하게 되면서 가족 사이도 좋아졌다며 이것이야말로 일거양득이라고 좋아했다.

3) 마주 보고 짧은 옛날이야기 해주기

앞에서 소개한 놀이가 짧은 시간 귀 기울이는 것이라면 옛날이야기 듣기는 좀 더 긴 시간의 집중력을 요구한다.

아직 영식이는 얘기가 길어지면 금방 주의가 산만해진다. 그렇기 때문에 간단하면서도 재미있는 얘기를 들려주어 조금씩 듣기에 집중하는 시간을 늘렸다.

4) 동화 들려주고 소리 내어 읽기

영식이는 어렸을 때 할머니 손에서 자라, 부모님이 책을 읽어 줄 기회가 없었다. 비록 영식이가 2학년이긴 하지만 지금이라도 책을 많이 읽어 줄 것을 권했다. 함께 책을 보면서 읽어 주는 것도 좋지만, 영식이에게 귀 기울여 듣는 연습을 시키기 위해 순전히 읽어 주는 것을 듣게 했다. 1, 2학년 수준의 그림 동화책을 읽어 줄 때 재미있게 들을 수 있게 된다면 2학년 수준의 듣기능력을 갖췄다고 할 수 있다.

그리고 듣기가 잘 안 되는 아이들은 발음이 부정확한 경우가 많은데 영식이 역시 그러했다. 이럴 때는 엄마가 먼저 정확하게 읽어 주고 아이 보고 따라 읽게 하는 방법이 좋다. 그러다 보면 정확하게 소리를 듣고 말하게 된다.

소리 내어 읽어 주기가 듣기능력에 효과가 있다는 것은 1990년 이스라엘 유치원에서 행해진 실험으로 입증된 바 있다. 다섯 달 동안 매일 15분씩 이야기를 들려주고 듣기 평가를 한 결과, 이야기를 들려주지 않고 다른 언어 교육을 한 집단에 비해 듣기능력이 높게 나온 것이다.

영식이는 엄마가 초등 2학년 때 문제를 인식하고 아빠와 함께 적극적으로 문제 해결을 위해 노력한 사례이다. 지금은 어느새 중학생이 되었는데 친구도 많으며 학교생활도 즐겁게 하고 있다.

학년별 듣기능력 진단 평가

부모용 듣기능력 진단지
학생용 듣기능력 진단지

***듣기의 중요성을 깨닫고
실천하는 경청 비법 4가지**

학년별 듣기능력 진단 평가

이 진단지는 오랜 세월 아이들을 교육 지도해 온 전문가가 전문적인 지식과 경험을 바탕으로 교과서 자료를 활용하여 만든 것이다. 학년별로 나누어져 있으며, 각 학년 수준의 학습 목표 도달 여부와 듣기 이해력을 가늠하는 참고 자료로 사용할 수 있다. 진단에 앞서, 부모가 진단지를 먼저 읽어 보기를 권한다. 어떤 형식으로 진단이 이루어지는지 파악하면 보다 능숙하고 매끄러운 진단이 가능하다.

본 진단을 통해 아이의 듣기능력 요소 중 이해력을 짐작할 수는 있으나 확진할 수는 없다. 본문에서도 여러 번 강조했듯이 듣기능력을 진단하는 도구는 개발되지 않았다. 이 자료는 공식적으로 검증된 자료가 아님을 밝힌다.

부모용 듣기능력 진단지

[1학년 수준]

1) 진단 전 평가

① 글을 들려주기 전에 아래 질문을 하고 아이가 대답하는 정도를 4단계로 평가해 표시합니다.

> 3:많이 알고 있다.   2:어느 정도 알고 있다.   1:약간 알고 있다.   0:아예 모르고 있다.

1. 가려운 것을 참아 본 적 있나요? 그때 기분은 어땠나요? (3-2-1-0)

2) 진단하기

아래 듣기 자료를 아이에게 정확한 발음으로 천천히 두 번 읽어 줍니다 (녹음하여 들려줄 수도 있습니다). 이때 듣기 태도를 관찰하는데, 직접 읽어 줄 때는 태도를 관찰할 사람이 있어야 합니다.

꾀를 내어서

옛날, 어느 마을에 항상 머리를 긁적이는 박박이가 살고 있었어요. 그리고 코를 잘 흘리는 코흘리개와 늘 눈을 비비는 눈침침이도 살고 있었어요.

하루는 이 세 친구에게 떡이 한 접시 생겼어요. 세 친구는 내기에서 이긴 사람이 떡을 몽땅 먹기로 하였어요. 머리를 긁거나 코를 닦거나 눈을 비비지 않고, 오래 참는 사람이 떡을 먹는 내기였어요. 세 친구는 모두 떡을 먹고 싶은 마음에 꾹꾹 참고 있었어요.

그런데 박박이는 머리가 너무 가려웠어요. 그래서 꾀를 내었어요.

"내가 뒷산에서 노루를 보았는데, 뿔이 여기에도 돋고, 여기에도 돋고."

박박이는 머리의 가려운 곳을 여기저기 톡톡 눌러 가며 긁었어요.

그랬더니 코흘리개가 말하였어요.

"아이고, 내가 봤더라면 당장 활을 쏘았을 텐데……."

코흘리개는 활 쏘는 흉내를 내며 옷소매로 코를 닦았어요.

그러자 눈침침이가,

"안 돼, 활을 쏘면 안 돼."

하고 말하면서 손을 휘휘 내저어 눈을 비볐대요.

〈출처 : 읽기 1–1 96~97쪽〉

② 듣기 태도

글을 들려줄 때 아이의 듣는 태도를 관찰해 아래 항목에 표시합니다. 항목 외에 특별한 사항이 있으면 따로 메모합니다.

- 머리나 몸을 움직인다.
- 시선을 한곳에 고정시키지 못한다.
- 뭔가 불안해 보인다.

③ 이해력 평가하기

아이가 들은 내용을 어느 정도 이해했는지, 자기 학년에 도달해야 할 학습 목표를 어느 정도 달성했는지를 알아보는 것입니다. 질문을 하고 아이가 대답한 내용을 받아 적습니다. 또는 질문지를 주고 아이가 직접 적게 합니다.

1. 이 옛날이야기에는 세 명의 주인공이 등장합니다. 주인공이 누구누구인지 두 명 이상 말해 보세요. (사실적 질문)

- 박박이, 코흘리개, 눈침침이

(특징을 얘기해도 맞은 것으로 인정합니다.)

2. 주인공 중 박박이는 왜 그런 이름을 갖게 되었나요? (추론적 질문)
- 항상 머리를 긁적이기 때문에

3. 세 친구는 떡을 먹기 위해 어떤 내기를 했나요? (사실적 질문)
- 머리를 긁거나, 코를 닦거나, 눈을 비비지 않고 오래 참는 사람이 떡
먹기

4. 내기 중 머리가 너무 가려웠던 박박이는 어떤 꾀를 냈나요? (사실적
질문)
- 뒷산에서 본 노루가 여기저기 뿔이 났다고 하면서 머리의 가려운 곳을
톡톡 눌러 가며 긁었다.

5. '늘 눈을 비비는 눈침침이도 살고 있었어요.'에서 '침침하다.'는 것
은 무슨 뜻일까요? (추론적 질문)
- 눈이 깨끗하게 잘 안 보인다는 뜻

6. 코흘리개는 흘러내리는 코를 닦기 위해 어떤 꾀를 냈나요? (사실적
질문)
- 활 쏘는 흉내를 내며 옷소매로 코를 닦았다.

7. 코흘리개가 '내가 봤더라면 활을 쏘았을 텐데.'라고 했을 때 눈침침
이는 왜 활을 쏘면 안 된다고 했을까요? (추론적 질문)
- 안 된다고 말하면서 손을 휘젓는 척하며 눈을 비비려고

8. 이야기 속 주인공의 모습을 상상해서 그림으로 그려 보세요. (추론적 질문)

- (어느 정도 타당하면 맞는 것으로 인정합니다. 두 명 이상 그리도록 합니다.)

＊답변을 채점해 이해력 듣기능력 수준을 진단합니다. 채점할 때 정답의 반에 해당하는 답변을 했을 때는 0.5점 처리합니다.

(정답 수 / 전체 문제 개수) × 100 =　　%

＿＿＿＿자기 학년 수준의 글을 적절한 듣기 전략을 구사해 이해하는 듣기 수준 (90% 이상)

＿＿＿＿어느 정도 듣기능력을 갖추었으나 다소 어렵거나 낯선 내용은 도움이 필요한 듣기 수준 (75% 이상~90% 미만)

＿＿＿＿선생님 설명을 이해하지 못해 공부에 어려움을 느끼는 듣기 수준 (50% 이상~75% 미만)

＿＿＿＿듣기뿐 아니라 읽기능력 지도까지 동시에 필요한 듣기 수준 (50% 미만)

[2학년 수준]

1) 진단 전 평가

① 글을 들려주기 전에 아래 질문을 하고 아이가 대답하는 정도를 4단계로 평가해 표시합니다.

1. 욕심을 부리다 오히려 손해 본 경험이 있나요? 그때 무슨 생각을 했나요? (3-2-1-0)

2) 진단하기

아래 듣기 자료를 아이에게 정확한 발음으로 천천히 두 번 읽어 줍니다(녹음하여 들려줄 수도 있습니다). 이때 듣기 태도를 관찰하는데, 직접 읽어 줄 때는 태도를 관찰할 사람이 있어야 합니다.

원숭이의 재판

햇살이 따스한 어느 가을날 오후였어요. 숲 속 동물 마을에서 길을 가던 여우와 개가 만났습니다.

"여우야, 잘 있었니?"

개가 먼저 반갑게 인사를 건넸습니다.

"응, 너도 잘 지내니?"

그때 저기 길 위에 무엇인가 종이에 싸인 것이 떨어져 있는 것을 보았습니다.

'이게 뭘까?'

여우와 개는 궁금해하며 종이 뭉치를 펼쳐 보았습니다.

"앗! 고깃덩어리다!"

둘은 너무도 좋아서 소리를 질렀습니다.

"이 고기는 내가 먼저 발견했어."

"아니야, 내가 먼저 보았어."

둘은 길에서 한참을 싸우다 원숭이를 찾아갔습니다.

"원숭이님, 재판 좀 해주십시오."

여우와 개의 말을 들은 원숭이는 알았다며 고기를 나누기 시작했습니다.

"음, 나누고 보니 이쪽 고기가 더 큰걸."

원숭이는 큰 쪽의 고기를 입으로 덥석 베어 먹고 똑같이 나누어 주겠다고 하였습니다.

"음, 이번엔 이쪽이 더 크게 나누어졌군."

하며 다른 한쪽의 고기를 또 베어 먹어 버렸습니다. 개와 여우는 침을 꼴깍 삼키며 원숭이를 바라보았습니다. 그러다가 얼마 후에 원숭이는 나누던 고기를 마침내 모두 먹어 버리고 말았습니다.

"음, 맛있게 잘 먹었는걸."

"아이고, 배야. 갑자기 배가 아프네."

원숭이는 여우와 개에게 손을 흔들며 멀리 가버리고 말았습니다.

〈출처 : 말하기 · 듣기 2-2 37쪽〉

② 듣기 태도

글을 들려줄 때 아이의 듣는 태도를 관찰해 아래 항목에 표시합니다. 항목 외에 특별한 사항이 있으면 따로 메모합니다.

- 머리나 몸을 움직인다.
- 시선을 한곳에 고정시키지 못한다.
- 뭔가 불안해 보인다.

③ 이해력 평가하기

아이가 들은 내용을 어느 정도 이해했는지, 자기 학년에 도달해야 할 학습 목표를 어느 정도 달성했는지를 알아보는 것입니다. 질문을 하고 아이가 대답한 내용을 받아 적습니다. 또는 질문지를 주고 아이가 직접 적게 합니다.

1. 숲 속 길을 가던 여우와 개는 길 위에서 무엇을 발견했나요? (사실적 질문)

   - 종이 뭉치에 싸인 고깃덩어리

2. 둘이 서로 고깃덩어리를 먼저 발견했다고 싸운 이유는 무엇일까요? (추론적 질문)

   - 고깃덩어리를 자기가 차지하고 싶어서

3. 개가 '아니야, 내가 먼저 보았어.' 하고 점잖게 말했습니다. 개가 한 말을 흉내 내어 보세요. (추론적 질문)

   - (비슷한 느낌이 나면 맞은 것으로 인정합니다.)

4. 개와 여우가 원숭이를 찾아간 이유는 무엇인가요? (사실적 질문)

   - 고깃덩어리를 누가 차지해야 할지 재판해 달라고

5. 원숭이는 고기를 둘로 나누고 한쪽이 더 크다고 말했습니다. 그리고 똑같이 나누어 주겠다고 하면서 어떻게 했나요? (사실적 질문)

   - 큰 쪽을 한 입 베어 먹었다.

6. 개와 여우에게 고기를 둘로 나누어 주겠다고 말한 원숭이의 속마음은 무엇일까요? (추론적 질문)

   - 똑같이 나누어 주는 척하면서 자기가 다 먹으려는 마음

7. 결국 고깃덩어리를 모두 먹은 동물은 누구인가요? (사실적 질문)

　- 원숭이

8. 개와 여우가 고깃덩어리를 가지고 싸운 행동으로 보아 어떤 성격이
라고 할 수 있을까요? (추론적 질문)

　- 욕심이 많다.

＊답변을 채점해 이해력 듣기능력 수준을 진단합니다. 채점할 때 정답의 반에 해당하
는 답변을 했을 때는 0.5점 처리합니다.

(정답 수 / 전체 문제 개수) × 100 ＝　　　％
____ 자기 학년 수준의 글을 적절한 듣기 전략을 구사해 이해하는 듣
기 수준 (90% 이상)
____ 어느 정도 듣기능력을 갖추었으나 다소 어렵거나 낯선 내용은 도
움이 필요한 듣기 수준 (75% 이상～90% 미만)
____ 선생님 설명을 이해하지 못해 공부에 어려움을 느끼는 듣기 수준
(50% 이상～75% 미만)
____ 듣기뿐 아니라 읽기능력 지도까지 동시에 필요한 듣기 수준 (50%
미만)

[3학년 수준]

1) 진단 전 평가

① 글을 들려주기 전에 아래 질문을 하고 아이가 대답하는 정도를 4단계로 평가해 표시합니다.

3:많이 알고 있다.　2:어느 정도 알고 있다.　1:약간 알고 있다.　0:아예 모르고 있다.

1. 마음이나 기분을 나타내는 말에는 어떤 말들이 있을까요?
  (3-2-1-0)

2. 토끼, 사슴, 다람쥐 중 사냥꾼에게 잡히기 쉬운 순서대로 말하고, 그 이유도 말해 보세요. (3-2-1-0)

2) 진단하기

아래 듣기 자료를 아이에게 정확한 발음으로 천천히 두 번 읽어 줍니다 (녹음하여 들려줄 수도 있습니다). 이때 듣기 태도를 관찰하는데, 직접 읽어 줄 때는 태도를 관찰할 사람이 있어야 합니다.

사슴이 된 토끼

어느 깊은 산속에 토끼, 사슴, 다람쥐가 살고 있었습니다. 그런데 토끼는 사슴의 가늘고 긴 목과 큰 눈, 큰 키가 무척 부러웠습니다.
"아! 사슴은 얼마나 좋을까?"
토끼는 나무 밑에 와서 한숨을 푸욱 내쉬었습니다. 그때, 나무에서 이상한 소리가 났습니다.
"그렇게도 부러우면 사슴이 되어라."
그러자 신기하게도 토끼는 사슴으로 변했습니다.
"이게 꿈이냐, 생시냐?"
사슴이 된 토끼는 신바람이 나서, 자기의 모습을 자세히 보려고 옹달샘으로 달려갔습니다. 마침, 옹달샘에는 다람쥐도 와 있었습니다. 못 보던 토끼도 한 마리 있었습니다. 사슴이 된 토끼가 물었습니다.

"넌 못 보던 토끼로구나."

"으응, 난 원래 사슴이었는데 이제 토끼가 되었어. 난 토끼가 되고 싶었거든."

이 말을 듣고 사슴이 된 토끼는 '흥' 하고 코웃음을 쳤습니다.

'귀만 긴 토끼보다는 사슴이 훨씬 더 멋지지. 며칠도 안 돼 후회할 거야. 메롱!'

사슴이 된 토끼는 자기의 모습을 옹달샘 속에 비춰 보며 기뻐했습니다. 바로 그때였습니다.

"사냥꾼이닷!"

"탕!탕!탕!"

동물들은 약속이나 한 듯 재빨리 몸을 피했습니다. 다람쥐는 쪼르르 나무 위로 기어올랐습니다. 토끼가 된 사슴은 깡충깡충 수풀 속으로 뛰어갔습니다. 그러나 사슴이 된 토끼는 뿔이 나뭇가지에 걸려서 쉽게 숨을 수가 없었습니다. 사냥꾼이 쏘는 총알이 발 앞에 팍팍팍 꽂혔습니다.

"아이구, 나 살려."

사슴이 된 토끼는 정신을 차릴 수 없었습니다. 할 수만 있다면 다시 토끼가 되고 싶었습니다.

〈출처 : 말하기 · 듣기 3-2 58~59쪽〉

② 듣기 태도

글을 들려줄 때 아이의 듣는 태도를 관찰해 아래 항목에 표시합니다. 항목 외에 특별한 사항이 있으면 따로 메모합니다.

- 머리나 몸을 움직인다.
- 시선을 한곳에 고정시키지 못한다.
- 뭔가 불안해 보인다.

③ 이해력 평가하기

아이가 들은 내용을 어느 정도 이해했는지, 자기 학년에 도달해야 할 학습 목표를 어느 정도 달성했는지를 알아보는 것입니다. 질문을 하고 아이가 대답한 내용을 받아 적습니다. 또는 질문지를 주고 아이가 직접 적게 합니다.

1. 한숨을 내쉬는 것은 보통 숨을 쉬는 것과 어떻게 다른가요? (추론적 질문)

   – 한숨은 속상하거나 걱정이 있을 때 쉬는 숨이다.

2. 토끼는 사슴의 어떤 모습이 부러웠나요? 두 가지 이상 말해 보세요. (사실적 질문)

   – 가늘고 긴 목, 큰 눈, 큰 키

3. 사슴이 된 토끼가 옹달샘에서 만난, 못 보던 토끼는 누구인가요? (사실적 질문)

   – 토끼로 변한 사슴

4. 토끼가 된 사슴은 토끼의 어떤 면이 부러웠을까요? (추론적 질문)

   – 긴 귀, 빨리 뛸 수 있는 다리, 사냥꾼이 나타났을 때 잘 숨을 수 있는 작은 몸집 등(타당한 답 두 가지 이상 말하면 맞은 것으로 합니다.)

5. 사슴이 된 토끼는 왜 토끼가 된 사슴을 보면서 며칠도 안 돼 후회할 거라고 생각했나요? (사실적 질문)

   – 귀만 긴 토끼보다 사슴이 훨씬 멋지다고 생각했기 때문에

6. 사냥꾼이 왔을 때 사슴이 된 토끼는 왜 쉽게 숨을 수가 없었나요?
   (사실적 질문)

   – 뿔이 나뭇가지에 걸렸기 때문에

7. 사슴이 된 토끼는 왜 다시 토끼가 되고 싶다는 생각을 했을까요? (추
   론적 질문)

   – 토끼였을 때는 사냥꾼이 나타나도 잘 피했는데, 사슴이 되고 나니 자
   기가 부러워했던 뿔 때문에 사냥꾼에게 잡히게 됐기 때문에

8. 이 이야기에서 토끼의 마음 또는 기분이 어떻게 변했는지 순서대로
   말해 보세요. (추론적 질문)

   – 부럽다. — (신난다.) — (후회된다.)

   (상황을 얘기해서 맞추면 0.5점 처리합니다.)

＊답변을 채점해 이해력 듣기능력 수준을 진단합니다. 채점할 때 정답의 반에 해당하
는 답변을 했을 때는 0.5점 처리합니다.

(정답 수 / 전체 문제 개수) × 100 =   %

_____ 자기 학년 수준의 글을 적절한 듣기 전략을 구사해 이해하는 듣
기 수준 (90% 이상)

_____ 어느 정도 듣기능력을 갖추었으나 다소 어렵거나 낯선 내용은 도
움이 필요한 듣기 수준 (75% 이상~90% 미만)

_____ 선생님 설명을 이해하지 못해 공부에 어려움을 느끼는 듣기 수준
(50% 이상~75% 미만)

_____ 듣기뿐 아니라 읽기능력 지도까지 동시에 필요한 듣기 수준 (50%
미만)

[4학년 수준]

1) 진단 전 평가

① 글을 들려주기 전에 아래 질문을 하고 아이가 대답하는 정도를 4단계로 평가해 표시합니다.

3:많이 알고 있다.   2:어느 정도 알고 있다.   1:약간 알고 있다.   0:아예 모르고 있다.

1. 토끼는 겨울에 주로 무엇을 하나요? (3-2-1-0)

2. 가을 산에서 도토리나 밤 같은 것을 너무 많이 줍지 말아야 하는 이유는 무엇일까요? (3-2-1-0)

2) 진단하기

아래 듣기 자료를 아이에게 정확한 발음으로 천천히 두 번 읽어 줍니다 (녹음하여 들려줄 수도 있습니다). 이때 듣기 태도를 관찰하는데, 직접 읽어 줄 때는 태도를 관찰할 사람이 있어야 합니다.

배고픈 토끼

"아, 참 잘 잤다."
굴속에서 잠을 자던 토끼가 잠에서 깨어났어요. 토끼의 굴은 산꼭대기의 커다란 바위 아래에 있었지요.
'아유, 배고파, 배가 고프니까 더 잘 수도 없네. 뭐 먹을 게 없을까?'
토끼는 굴 밖으로 나왔습니다.
'앗, 눈이 왔네!'
굴 밖은 온통 하얀 세상이었어요.
'바위에 눈이 쌓이니까 마치 거인 눈사람 같은걸. 그런데 먹을 것을 어디에서 찾지?'
토끼는 먹을 것이 없어서 걱정입니다.

'그래, 늘 가던 솔밭에 가봐야겠다. 마른 풀이 많이 있을 테니까.'

토끼가 눈 위를 깡충깡충 뛰어갑니다. 그럴 때마다 눈 위에는 토끼 발자국이 또렷합니다. 토끼 발자국은 큰 바위에서 솔밭까지 이어졌습니다.

'여기에도 눈이 쌓였네. 먹을 것을 찾을 수가 없어. 어떡하지? 저 산 중턱에는 눈이 조금밖에 안 왔을 거야.'

이렇게 생각하며 토끼는 산에 오릅니다. 산 중턱에는 넓은 풀밭이 있었습니다. 하지만 토끼는 그곳에서도 먹을 만한 풀이나 열매를 찾을 수 없었습니다.

'아, 배고파!'

그때, 산 아래 마을에서 연기가 모락모락 피어오르는 것이 보였습니다.

'그래, 마을로 가자. 거긴 먹을 것이 있을 거야.'

토끼는 골짜기를 따라 산 아래로 내려갔습니다.

집 마당에서 눈사람을 만들던 아이가 깜짝 놀라 말했습니다.

"엄마, 저기 봐! 토끼야."

"배고픈 토끼인가 보다."

아이의 엄마가 삶은 감자와 호박을 가지고 나왔습니다.

"눈이 많이 오면, 산에 사는 동물들에게 먹을 것을 나눠 주어야 한단다."

토끼는 맛있는 음식을 먹고 다시 산으로 갔습니다.

〈출처 : 말하기 · 듣기 4-2 94~95쪽〉

② 듣기 태도

글을 들려줄 때 아이의 듣는 태도를 관찰해 아래 항목에 표시합니다. 항목 외에 특별한 사항이 있으면 따로 메모합니다.

– 머리나 몸을 움직인다.
– 시선을 한곳에 고정시키지 못한다.
– 뭔가 불안해 보인다.

아이가 들은 내용을 어느 정도 이해했는지, 자기 학년에 도달해야 할 학습 목표를 어느 정도 달성했는지를 알아보는 것입니다. 질문을 하고 아이가 대답한 내용을 받아 적습니다. 또는 질문지를 주고 아이가 직접 적게 합니다.

1. 언제, 어디에서 일어난 이야기인가요? (추론적 질문)
   – 겨울, 눈 내린 산

2. 자다가 깨어 굴 밖으로 나온 토끼는 무엇을 했나요? (사실적 질문)
   – 여기저기 다니며 먹을 것을 구하러 다녔다.

3. 산 중턱은 산의 어디쯤을 말하나요? 말 또는 그림으로 표현해 보세요. (추론적 질문)
   – 산의 허리쯤 되는 곳

4. 토끼가 먹이를 찾아 이동한 순서대로 말해 보세요. (사실적 질문)
   – 굴 밖 — (솔밭) — (산 중턱) — (마을)

5. 눈이 많이 오면, 산에 사는 동물들에게 먹을 것을 나눠 주어야 하는 까닭은 무엇인가요? (추론적 질문)
   – 먹을 것이 눈에 덮여서 동물들이 먹이를 찾기 힘들기 때문에

6. 토끼는 무슨 생각을 하며 솔밭으로 갔나요? (사실적 질문)
   – 마른 풀이 많이 있을 것이라고 생각했다.

7. 결국 토끼는 어디서 먹을 것을 구할 수 있었나요? (사실적 질문)

   – 산 아래 마을에서

8. 마을에서 연기가 모락모락 피어오르는 것을 본 토끼는 왜 먹을 것이 있을 거라고 생각했을까요? (추론적 질문)

   – 음식을 하느라고 불을 때 연기가 모락모락 피어오른다고 생각했을 것이다.

＊답변을 채점해 이해력 듣기능력 수준을 진단합니다. 채점할 때 정답의 반에 해당하는 답변을 했을 때는 0.5점 처리합니다.

(정답 수 / 전체 문제 개수) × 100 =　　　 %

_____ 자기 학년 수준의 글을 적절한 듣기 전략을 구사해 이해하는 듣기 수준 (90% 이상)

_____ 어느 정도 듣기능력을 갖추었으나 다소 어렵거나 낯선 내용은 도움이 필요한 듣기 수준 (75% 이상~90% 미만)

_____ 선생님 설명을 이해하지 못해 공부에 어려움을 느끼는 듣기 수준 (50% 이상~75% 미만)

_____ 듣기뿐 아니라 읽기능력 지도까지 동시에 필요한 듣기 수준 (50% 미만)

1) 진단 전 평가

① 글을 들려주기 전에 아래 질문을 하고 아이가 대답하는 정도를 4단계로 평가해 표시합니다.

3:많이 알고 있다.　2:어느 정도 알고 있다.　1:약간 알고 있다.　0:아예 모르고 있다.

1. 생일날 친구들을 집으로 초대해 본 경험이 있나요? (3-2-1-0)

2. 생일을 의미 있게 보내려면 어떻게 해야 한다고 생각하나요?
   (3-2-1-0)

2) 진단하기

아래 듣기 자료를 아이에게 정확한 발음으로 천천히 두 번 읽어 줍니다 (녹음하여 들려줄 수도 있습니다). 이때 듣기 태도를 관찰하는데, 직접 읽어 줄 때는 태도를 관찰할 사람이 있어야 합니다.

생일날

기다리고 기다리던 생일날이었다. 생일상을 잘 차려 달라고 어머니께 졸랐다. 한창 친구들과 생일 축하 노래를 부르고 있을 때였다. 시골에서 할아버지께서 오셨다. 그냥 손자 얼굴이 보고 싶어 오셨단다. 나는 인사를 하는 둥 마는 둥 하고서 친구들과 어울렸다. 어머니께서는 부지런히 음식을 나르시고, 우리는 먹고 떠들면서 신나게 놀았다.
그때, 큰방에 계신 할아버지께서 부르셨다.
"용성아."
"할아버지, 저 지금 바빠요. 이따가 뵐게요."
나는 대답만 하고 다시 즐겁게 놀았다. 그러자 할아버지께서 다시 부르셨다. 투덜거리며 할아버지께 갔는데, 뭔가 예사롭지 않은 분위기였다. 아버지와 어머니께서는 심각한 표정으로 앉아 계셨다. 나는 엉거주춤 서 있었다.

"앉아라!"

할아버지 말씀을 듣고, 어머니 옆에 무릎을 꿇고 앉았다.

"세상이 아무리 바뀌었다고 해도 생일날의 바탕은 바뀌지 않았다. 생일이 위아래도 몰라보게 만드는 날이라고 내가 언제 가르쳤더냐? 나를 낳으신 부모님의 은혜를 한 번 더 생각하고 사람 노릇 하는 방법을 생각하는 날이지. 우르르 몰려와 먹고 떠드는 날이더냐? 어미는 자식이 앉아서 가져다 달라면 쪼르르 가져다 주고, 자식은 앉아서 어미에게 이것저것 시키기만 하고……. 나는 그런 꼴 못 본다. 나 이만 간다."

할아버지께서는 뒤도 안 돌아보고 가셨다. 아버지께서 따라가셨지만 할아버지께서는 끝내 돌아오지 않으셨다.

친구들이 가고 나서 나는 펑펑 울었다.

〈출처 : 말하기 · 듣기 · 쓰기 5−2 118쪽〉

② 듣기 태도

글을 들려줄 때 아이의 듣는 태도를 관찰해 아래 항목에 표시합니다. 항목 외에 특별한 사항이 있으면 따로 메모합니다.

– 머리나 몸을 움직인다.
– 시선을 한곳에 고정시키지 못한다.
– 뭔가 불안해 보인다.

③ 이해력 평가하기

아이가 들은 내용을 어느 정도 이해했는지, 자기 학년에 도달해야 할 학습 목표를 어느 정도 달성했는지를 알아보는 것입니다. 질문을 하고 아

 초등 듣기능력이 평생성적을 좌우한다

이가 대답한 내용을 받아 적습니다. 또는 질문지를 주고 아이가 직접 적게
합니다.

   1. 언제 있었던 일인가요? (사실적 질문)
     – 용성이의 생일날

   2. 할아버지께서 용성이네 집에 오신 이유는 무엇인가요? (사실적 질문)
     – 손자가 보고 싶어서

   3. 할아버지가 용성이를 처음 불렀을 때 용성이는 어떻게 행동했나요?
     (사실적 질문)
     – '지금 바빠요. 이따가 뵐께요.'라고 대답만 하고 다시 친구들과 놀았다.

   4. '뭔가 예사롭지 않은 분위기였다.'에서 '예사롭지 않다.'는 무슨 뜻
     인가요? (추론적 질문)
     – 평상시와 다르다.

   5. 생일날의 바탕은 무엇인가요? (사실적 질문)
     – 나를 낳으신 부모님의 은혜를 한 번 더 생각하고 사람 노릇 하는 방법
      을 생각하는 날

   6. 용성이의 어떤 점을 보고 할아버지께서 '위아래도 알아보지 못한
     다.'고 꾸중하신 걸까요? (추론적 질문)
     – 할아버지가 오셨어도 인사도 하는 둥 마는 둥하고, 생일잔치를 하느라
      엄마에게 이것저것 심부름을 시킨 점

7. 뒤도 돌아보지 않고 돌아가시는 할아버지는 어떤 심정이었을까요?
　 (추론적 질문)
　　 – 몹시 서운하고, 화가 나셨다.

8. 용성이는 왜 친구들이 간 후 엉엉 울었을까요? (추론적 질문)
　　 – 할아버지께 죄송한 마음이 들어서, 자기의 행동을 후회하는 마음 때
　　　 문에

＊답변을 채점해 이해력 듣기능력 수준을 진단합니다. 채점할 때 정답의 반에 해당하
는 답변을 했을 때는 0.5점 처리합니다.

(정답 수 / 전체 문제 개수) × 100 = 　　 %
＿＿＿자기 학년 수준의 글을 적절한 듣기 전략을 구사해 이해하는 듣
　　　기 수준 (90% 이상)
＿＿＿어느 정도 듣기능력을 갖추었으나 다소 어렵거나 낯선 내용은 도
　　　움이 필요한 듣기 수준 (75% 이상~90% 미만)
＿＿＿선생님 설명을 이해하지 못해 공부에 어려움을 느끼는 듣기 수준
　　　(50% 이상~75% 미만)
＿＿＿듣기뿐 아니라 읽기능력 지도까지 동시에 필요한 듣기 수준 (50%
　　　미만)

[6학년 수준]

1) 진단 전 평가

① 글을 들려주기 전에 아래 질문을 하고 아이가 대답하는 정도를 4단계
로 평가해 표시합니다.

3:많이 알고 있다.   2:어느 정도 알고 있다.   1:약간 알고 있다.   0:아예 모르고 있다.

1. 나는 고민이 있을 때 어떻게 하나요? (3-2-1-0)

2. 다른 사람 앞에서 발표할 때 긴장하지 않으려면 어떻게 해야 하나
요? (3-2-1-0)

2) 진단하기

아래 듣기 자료를 아이에게 정확한 발음으로 천천히 두 번 읽어 줍니다
(녹음하여 들려줄 수도 있습니다). 이때 듣기 태도를 관찰하는데, 직접 읽어
줄 때는 태도를 관찰할 사람이 있어야 합니다.

— 도와 주세요 —

어린이 여러분, 안녕하세요?
어린이 여러분의 고민을 함께 풀어 보는 시간입니다. 오늘은 어떤 사연이 와
있을까요? 먼저, 이명철 어린이가 보낸 사연입니다.

안녕하세요?
저는 이명철이라고 합니다.
제 고민은 사람들 앞에서 말을 하는 것이 너무 힘들다는 것입니다. 사람들 앞
에 서면 눈앞이 캄캄해지고 가슴은 콩당콩당 뛰고 머릿속은 하얘지는 것 같
습니다. 그래서 내가 무슨 얘기를 하려고 했는지 잊어버리게 되고, 또 그런 내
모습이 창피해서 다른 사람들의 얼굴을 똑바로 쳐다보지도 못합니다. 이제는

가능하면 사람들 앞에서 말하는 기회가 없었으면 좋겠습니다.

옛날에는 안 그랬는데, 작년에 발표 준비를 잘못해서 친구들에게 야유를 받은 다음부터 그런 것 같습니다.

저도 이런 제가 싫어서, 고치려고 노력을 합니다. 자원해서 발표를 하지는 않지만, 선생님께서 발표를 시키실 때는 꼭 하려고 합니다. 그러나 그때의 용기는 잠시일 뿐, 교실 앞에 서서 여러 친구들을 대하게 되면 다시 눈앞이 캄캄해집니다. 저는 중학교에 올라가기 전에 이런 제 모습을 반드시 고치고 싶습니다. 저를 도와주세요.

이명철 어린이, 다른 사람에게 자신의 고민을 털어놓을 수 있는 걸 보면 이명철 어린이는 참 용기 있는 어린이예요. 그리고 고민을 풀어 보려는 의지도 상당한 것 같고요. 어린이 여러분, 아마 여러분 중에도 이명철 어린이와 비슷한 경험을 한 친구들이 있을 거예요. 우리 함께 그런 친구들의 고민을 해결해 봐요. 어떻게 하면 다른 사람들 앞에서 발표할 때 겪는 어려움을 해소할 수 있는지, 여러분의 진지한 의견을 기다립니다. 그리고 우리 프로그램에서도 이와 관련해서 전문가를 모실 예정입니다.

이명철 어린이, 사연 고맙습니다.

〈출처 : 말하기 · 듣기 · 쓰기 6-2 104쪽〉

② 듣기 태도

글을 들려줄 때 아이의 듣는 태도를 관찰해 아래 항목에 표시합니다. 항목 외에 특별한 사항이 있으면 따로 메모합니다.

- 머리나 몸을 움직인다.
- 시선을 한곳에 고정시키지 못한다.
- 뭔가 불안해 보인다.

아이가 들은 내용을 어느 정도 이해했는지, 자기 학년에 도달해야 할 학습 목표를 어느 정도 달성했는지를 알아보는 것입니다. 질문을 하고 아이가 대답한 내용을 받아 적습니다. 또는 질문지를 주고 아이가 직접 적게 합니다.

1. 이 프로그램의 이름이 〈도와주세요〉인 까닭은 무엇일까요? (추론적 질문)

   – 고민 있는 어린이들이 사연을 보내 도움을 청하는 프로그램이기 때문에

2. 사연을 보낸 이명철 어린이의 고민은 무엇인가요? (사실적 질문)
   – 다른 사람들 앞에서 말하는 것이 힘들다.

3. 남이 발표할 때는 어떻게 하는 것이 좋을까요? 명철이의 사례를 통해 알게 된 것을 말해 보세요. (추론적 질문)
   – 끝까지 잘 듣고, 비난하거나 야유하지 않는다.

4. 명철이는 사람들 앞에 서면 머릿속이 하얘진다고 했습니다. '머릿속이 하얘진다.'는 것은 어떤 상태를 말하나요? (추론적 질문)
   – 긴장되어 아무것도 생각나지 않는 상태

5. 명철이가 다른 사람 앞에서 말하는 것이 힘들어진 계기는 무엇인가요? (사실적 질문)
   – 작년 발표 준비를 잘못해서 친구들에게 야유를 받은 것이 계기가 되었다.

6. 이렇게 사연을 올리면서까지 자기 고민을 털어놓은 이유를 뭐라고 했나요? (사실적 질문)

– 중학교에 올라가기 전에 이런 자기 모습을 반드시 고치고 싶어서

7. 다른 사람에게 자신의 고민을 털어놓은 명철이를 진행자는 어떤 어린이라고 했나요? (사실적 질문)

– 용기 있는 어린이

8. 다른 사람들 앞에서 발표할 때 겪는 어려움을 해소할 만한 방법을 하나 말해 보세요. (추론적 질문)

– 심호흡을 한다, 발표할 것을 미리 연습해 본다 등.

(타당한 것이면 인정합니다.)

＊답변을 채점해 이해력 듣기능력 수준을 진단합니다. 채점할 때 정답의 반에 해당하는 답변을 했을 때는 0.5점 처리합니다.

(정답 수 / 전체 문제 개수) × 100 =　　%

＿＿＿자기 학년 수준의 글을 적절한 듣기 전략을 구사해 이해하는 듣기 수준 (90% 이상)

＿＿＿어느 정도 듣기능력을 갖추었으나 다소 어렵거나 낯선 내용은 도움이 필요한 듣기 수준 (75% 이상～90% 미만)

＿＿＿선생님 설명을 이해하지 못해 공부에 어려움을 느끼는 듣기 수준 (50% 이상～75% 미만)

＿＿＿듣기뿐 아니라 읽기능력 지도까지 동시에 필요한 듣기 수준 (50% 미만)

학생용 듣기능력 진단지

[1학년 수준]

1. 이 옛날이야기에는 세 명의 주인공이 등장합니다. 주인공이 누구누 누인지 두 명 이상 말해 보세요.

2. 주인공 중 박박이는 왜 그런 이름을 갖게 되었나요?

3. 세 친구는 떡을 먹기 위해 어떤 내기를 했나요?

4. 내기 중 머리가 너무 가려웠던 박박이는 어떤 꾀를 냈나요?

5. '늘 눈을 비비는 눈침침이도 살고 있었어요.'에서 '침침하다.'는 것 은 무슨 뜻일까요?

6. 코흘리개는 흘러내리는 코를 닦기 위해 어떤 꾀를 냈나요?

7. 코흘리개가 '내가 봤더라면 활을 쏘았을 텐데.'라고 했을 때 눈침침 이는 왜 활을 쏘면 안 된다고 했을까요?

8. 이야기 속 주인공의 모습을 상상해서 그림으로 그려 보세요.

1. 숲 속 길을 가던 여우와 개는 길 위에서 무엇을 발견했나요?

2. 둘이 서로 고깃덩어리를 먼저 발견했다고 싸운 이유는 무엇일까요?

3. 개가 '아니야, 내가 먼저 보았어.' 하고 점잖게 말했습니다. 개가 한 말을 흉내 내어 보세요.

4. 개와 여우가 원숭이를 찾아간 이유는 무엇인가요?

5. 원숭이는 고기를 둘로 나누고 한쪽이 더 크다고 말했습니다. 그리고 똑같이 나누어 주겠다고 하면서 어떻게 했나요?

6. 개와 여우에게 고기를 둘로 나누어 주겠다고 말한 원숭이의 속마음 은 무엇일까요?

7. 결국 고깃덩어리를 모두 먹은 동물은 누구인가요?

8. 개와 여우가 고깃덩어리를 가지고 싸운 행동으로 보아 어떤 성격이 라고 할 수 있을까요?

1. 한숨을 내쉬는 것은 보통 숨을 쉬는 것과 어떻게 다른가요?

2. 토끼는 사슴의 어떤 모습이 부러웠나요? 두 가지 이상 말해 보세요.

3. 사슴이 된 토끼가 옹달샘에서 만난, 못 보던 토끼는 누구인가요?

4. 토끼가 된 사슴은 토끼의 어떤 면이 부러웠을까요?

5. 사슴이 된 토끼는 왜 토끼가 된 사슴을 보면서 며칠도 안 돼 후회할
   거라고 생각했나요?

6. 사냥꾼이 왔을 때 사슴이 된 토끼는 왜 쉽게 숨을 수가 없었나요?

7. 사슴이 된 토끼는 왜 다시 토끼가 되고 싶다는 생각을 했을까요?

8. 이 이야기에서 토끼의 마음 또는 기분이 어떻게 변했는지 순서대로
   말해 보세요.

1. 언제, 어디에서 일어난 이야기인가요?

2. 자다가 깨어 굴 밖으로 나온 토끼는 무엇을 했나요?

3. 산 중턱은 산의 어디쯤을 말하나요? 말 또는 그림으로 표현해 보세요.

4. 토끼가 먹이를 찾아 이동한 순서대로 말해 보세요.

5. 눈이 많이 오면, 산에 사는 동물들에게 먹을 것을 나눠 주어야 하는 까닭은 무엇인가요?

6. 토끼는 무슨 생각을 하며 솔밭으로 갔나요?

7. 결국 토끼는 어디서 먹을 것을 구할 수 있었나요?

8. 마을에서 연기가 모락모락 피어오르는 것을 본 토끼는 왜 먹을 것이 있을 거라고 생각했을까요?

[5학년 수준]

1. 언제 있었던 일인가요?

2. 할아버지께서 용성이네 집에 오신 이유는 무엇인가요?

3. 할아버지가 용성이를 처음 불렀을 때 용성이는 어떻게 행동했나요?

4. '뭔가 예사롭지 않은 분위기였다.'에서 '예사롭지 않다.'는 무슨 뜻
   인가요?

5. 생일날의 바탕은 무엇인가요?

6. 용성이의 어떤 점을 보고 할아버지께서 '위아래도 알아보지 못한
   다.'고 꾸중하신 걸까요?

7. 뒤도 돌아보지 않고 돌아가시는 할아버지는 어떤 심정이었을까요?

8. 용성이는 왜 친구들이 간 후 엉엉 울었을까요?

1. 이 프로그램의 이름이 〈도와주세요〉인 까닭은 무엇일까요?

2. 사연을 보낸 이명철 어린이의 고민은 무엇인가요?

3. 남이 발표할 때는 어떻게 하는 것이 좋을까요? 명철이의 사례를 통해 알게 된 것을 말해 보세요.

4. 명철이는 사람들 앞에 서면 머릿속이 하얘진다고 했습니다. '머릿속이 하얘진다.'는 것은 어떤 상태를 말하나요?

5. 명철이가 다른 사람 앞에서 말하는 것이 힘들어진 계기는 무엇인가요?

6. 이렇게 사연을 올리면서까지 자기 고민을 털어놓은 이유를 뭐라고 했나요?

7. 다른 사람에게 자신의 고민을 털어놓은 명철이를 진행자는 어떤 어린이라고 했나요?

8. 다른 사람들 앞에서 발표할 때 겪는 어려움을 해소할 만한 방법을 하나 말해 보세요.

듣기의 중요성을 깨닫고
실천하는 경청 비법 4가지

듣기의 중요성을 깨닫고 실천할 수 있도록 초등 4, 5학년을 대상으로 '너와 내가 존중받는 경청 비법 4가지'라는 주제로 듣기 실습을 진행했다. 다음은 그 과정과 아이들의 반응을 정리해 놓은 것이다.

이것을 참고로 하여, 내 아이에게 적용해 보길 바란다.

∷ 경청 비법 1 : 호흡 맞추기

이것은 말하는 이와의 아이 콘택트eye contact 뿐만이 아니라 말하는 억양과 속도 그리고 상대방의 감정까지 맞추며 듣는 방법이다. 이처럼 상대의 기분을 헤아려 반응하는 것은 상대에게 상대의 생각에 공감하고 있다는 느낌을 선사한다.

예를 들면 상대가 신이 나 소리 높여 말할 때, 듣는 이가 함께 행동을 취하며 반응을 보이면 상대는 더욱 신이 나 열광적으로 이야기하게 된다.

[실습하기]

1. 말하는 사람의 억양, 목소리의 크기, 기분 등을 무시하고 반응하기
① 기철 : (신나고 흥분한 목소리로) 야, 찬기야. 오늘 우리 반하고 3반하고 축구했는데. 우리 반이 3대 1로 이겼다!
② 찬기 : (쳐다보지도 않고) 어, 그렇구나.
③ 기철 : 야, 너 내 말 들었어?
④ 찬기 : 응.
⑤ 기철 : 자식, 너 나 무시하냐?

2. 친구의 반응에 동조해 준다

① 기철 : (신나고 흥분한 목소리로)야, 찬기야. 오늘 우리 반하고 3반하고 축
구했는데. 우리 반이 3대 1로 이겼다!

② 찬기 : (같이 흥분된 목소리로) 진짜? 야, 너희 반이 우리 반 복수해 줬구나.
우리는 3반에 졌거든.

③ 기철 : 진짜? 근데 3반 애들 진짜 치사하지 않냐? 막 반칙하더라.

④ 찬기 : 맞아 맞아. 게네 반 선생님도 막 반칙하는데 모른 척하더라.

⑤ 기철 : 맞아. 그래도 뭐 우리가 이겼으니까.

[대화 후 의견 나누기]

처음엔 무시하는 것 같아서 기분이 나빴다. 하지만 나중에 내 이야기에 같이
흥분해서 맞장구 쳐주니 계속 얘기하고 싶었다. 훨씬 신났다.

:: 경청 비법 2 : 거울 되기

상대의 동작을 그대로 따라 하며 듣는 방법이다. 말하면서 어떤 동작을
취한다는 것은 특별한 의미가 있거나 중요하다는 신호이다. 이때 듣는 이
가 그 동작을 적당히 함께 해주는 것은 상대방의 이야기에 관심을 보이고
있다는 신호로 작동한다.

[실습하기]

① 2인 1조로 A와 B로 나눈다.

② A가 먼저 자기가 좋아하는 스포츠에 대해 이야기한다.

③ B는 A의 동작을 거울처럼 따라 한다.

④ 교대로 해보고 느낌을 말한다.

(예를 들어 상대가 자신을 살짝 치면서 눈을 크게 뜨고 말한다. 당신도 따
라서 상대의 몸을 건드려 주거나 함께 눈도 크게 뜨며 이야기를 듣는다. 실
습할 때는 100% 그대로 따라 한다. 하지만 실제 대화 중에는 30~40% 정
도만 따라 한다.)

처음엔 내가 말하며 하는 동작을 앞에서 따라 하니깐 웃겼는데, 차츰 나에게 집중한다는 생각이 들어서 기분 좋았다.

∷ 경청 비법 3 : 따라서 말해 주기

상대가 말할 때 중요한 부분이나 강조하는 부분을 똑같이 따라 하며 듣는 방법이다. 이야기가 길어지면 중간 중간 이야기를 요약해서 '즉 ~이라는 말이지?' 하며 정리해 준다. 이는 이야기가 다른 방향으로 새는 것을 방지해 준다.

[실습하기]

① 영천 : 어제 내 동생이 내가 미술 숙제 해놓은 거.
② 미란 : 미술 숙제 해놓은 거?
③ 영천 : 응, 그걸 가위로 다 오려 놨어.
④ 미란 : 미술 숙제를 동생이 오려 놨다고?
⑤ 영천 : 응! 그 숙제 하는 데 3시간이나 걸렸는데.
⑥ 미란 : 헉, 3시간이나 걸린 걸 동생이 망쳐 놨구나!

[대화 후 의견 나누기]

미란이가 내 말을 듣고 같이 속상해하는 것 같아서 위로가 됐다. 그리고 내가 한 말을 다시 해주니까 내 말을 정말 잘 들어 주려고 하는구나 하는 생각이 들어서 고마웠다.

∷ 경청 비법 4 : 단서 파악하기

말하는 이의 움직임(팔다리, 손의 움직임이나 위치), 호흡의 정도, 표정, 목소리 등을 관찰해 가며 이야기를 듣는 방법이다. 이런 움직임을 관찰하면 상대가 말하고 싶은지, 기분이 좋은지 나쁜지를 파악할 수 있다. 그에 따라 적절한 반응을 해주며 이야기를 듣는다.

① 영란 : (몸을 미란에게 기울이며 작은 목소리로) 미란아, 기찬이 봤니?
　　　　　*뭔가 비밀스러운 얘기를 한다는 단서
② 미란 : (역시 몸을 기울이고 작은 목소리로) 기찬이? 왜?
③ 영란 : 아까 기찬이가 내 가방에 이걸 놓고 간 거 같아. (선물로 보이는 작은 상자를 보이며 미소 짓는다.)
　　　　　*기분 좋음을 나타내는 단서
④ 영란 : 정말? 너 드디어?
⑤ 미란 : (집게손가락을 입에 대며, 한 손으로 어깨를 톡 친다.)
　　　　　*기분 좋으며, 비밀로 해달라는 단서

[대화 후 의견 나누기]

－ 미란

영란이의 행동을 유심히 보며 들으니 영란이의 기분을 더욱 잘 알 수 있었다. 그 기분에 맞춰 가며 이야기를 들으니 영란이가 비밀 얘기까지 해줬다.

－ 영란

미란이가 내가 비밀로 하고 싶어한다는 걸 아는 것 같았다. 그러니깐 저절로 비밀 얘기를 하게 되었다.

실습을 통해 아이들은 자신이 말할 때 상대가 어떻게 해주면 말할 기분이 나는지, 또 어떻게 하면 기분이 상하는지 알게 되었다. 이것을 역으로 다른 사람이 나에게 이야기할 때는 어떻게 해야 하는지도 배우게 되었다. '경청'한다는 것은 다른 생각을 하거나 다른 일을 하면서 듣는 것이 아니다. 온전히 그 사람의 말을 듣기 위해 오감을 동원하고, 마음까지 다해 듣는 것이다.